Sophie Andresky · Echte Männer

Sophie Andresky

Echte Männer

Was Frauen wirklich wollen

Haffmans Verlag
bei Zweitausendeins

Der vorliegende Band versammelt die
»Sophies Welt«-Kolumnen
aus dem Magazin »Penthouse«.

1. Auflage, April 2008
2. Auflage, Juli 2008
3. Auflage, Oktober 2008
4. Auflage, Februar 2009

Copyright © 2008 Zweitausendeins,
Postfach, D-60381 Frankfurt am Main.

Alle Rechte vorbehalten, insbesondere das Recht der mechanischen,
elektronischen oder fotografischen Vervielfältigung,
der Einspeicherung und Verarbeitung in elektronischen Systemen,
des Nachdrucks in Zeitschriften oder Zeitungen, des öffentlichen
Vortrags, der Verfilmung oder Dramatisierung, der Übertragung
durch Rundfunk, Fernsehen oder Video, auch einzelner Text- und
Bildteile, sowie der Übersetzung in andere Sprachen.

Der gewerbliche Weiterverkauf oder gewerbliche Verleih von
Büchern, CDs, CD-ROMs, DVDs, Videos oder anderen Sachen
aus der Zweitausendeins-Produktion bedürfen in jedem Fall der
schriftlichen Genehmigung durch die Geschäftsleitung vom
Zweitausendeins Versand in Frankfurt am Main.

Umschlagbild © Blutgruppe/zefa/Corbis.
Produktion und Gestaltung von Urs Jakob,
Werkstatt im Grünen Winkel, CH-8400 Winterthur.
Satz: Fotosatz Reinhard Amann, Aichstetten.
Druck und Bindung: Offizin Andersen Nexö, Leipzig.
Printed in Germany.

Dieses Buch gibt es nur bei Zweitausendeins im Versand,
Postfach, D-60381 Frankfurt am Main, Telefon 069-420 8000,
Fax 069-415 003. Internet www.Zweitausendeins.de.
E-Mail: info@Zweitausendeins.de.
Oder in den Zweitausendeins-Läden in Aachen, Augsburg, Bamberg,
Berlin, Bochum, Bonn, Bremen, Darmstadt, Dortmund, Dresden,
2 x in Düsseldorf, in Duisburg, Erfurt, Essen, Frankfurt am Main,
Freiburg, Göttingen, Gütersloh, 2 x in Hamburg, in Hannover,
Karlsruhe, Kiel, Köln, Konstanz, Leipzig, Ludwigsburg, Mannheim,
Marburg, München, Münster, Neustadt/Weinstraße, Nürnberg,
Oldenburg, Osnabrück, Speyer, Stuttgart, Trier, Tübingen,
Ulm und Würzburg.

In der Schweiz über buch 2000, Postfach 89, CH-8910 Affoltern a. A.

ISBN 978-3-86150-816-8

Inhalt

Er, ich und sie 9

Applaus Applaus Applaus 15

Godzilla im Spiegel 21

Teenie-Sex 28

Nicht schon wieder Zwerge 35

Barbie und Ken im Sexshop 42

Sind wir nicht alle ein bisschen Kleo ? 48

Kakerlaken und Dosenmilch 54

Nichts zu meckern! 60

Von Jägern, Swingern und kleinen
Knöpfchen 67

Echte Männer braucht das Land 74

Nacktmulle und jubelnde
Engels-Chöre 80

Kontaktanzeigen 87

Ein bisserl bi schadet nie 95

Sex mit Defibrillator 102

Money Money Money 109

Ewig gluckern die Glocken 116

Im Bett mit Bussibär 122

Frittierte Rüssel und Jadeperlen 127

Alles, was Spaß macht, ist feucht 131

Sommernachts-Phantasien 138

Das Jungsding 144

Pssst! Diskretion bitte! 151

Wie entsorge ich einen Mann? 158

Ravioli und Beowulf 165

Berühren, belecken, besteigen.
Sex-Sightseeing in drei Metropolen 171

Oversexed & underfucked 182

Echte Männer – Was Frauen wirklich wollen

In Liebe für Marcus.
Für zahllose Latte Macchiato, Engelschöre und Sommernachts-
Phantasien. Und weil du in Möbelhäusern auch immer zuerst
in die Cafeteria gehst.

Er, ich und sie

Zu einer guten sexuellen Beziehung gehören immer drei: der Mann, die Frau und ihre beste Freundin. Männer glauben, dass Frauen ihrer besten Freundin alles erzählen, alles zwischen Himmel und Erde, Matratze und Laken. Und, liebe Männer: Ihr habt recht. Falls euer Penis irgendwie komisch gebogen ist, wenn er einen kleinen Hubbel hat oder ihr beim Orgasmieren fiept wie ein Eichhörnchen, das sich die Nüsse in einer Astgabel geklemmt hat: Die beste Freundin eurer Frau weiß es. Und sie hat eine Meinung dazu. Und sie äußert sie. Klar ist das ein merkwürdiges Gefühl, wenn ihr dann einer fremden Frau gegenübersitzt, von der ihr annehmen dürft, dass sie sich schon Gedanken über die gesunde Farbe eures Hodensacks gemacht hat, dass sie am Entscheidungsprozess, ob die Brustmatte geschoren werden soll oder nicht, maßgeblich beteiligt war, dass sie mit der Liebsten in langen Sitzungen erörtert hat, ob Analsex mit Klappsen demütigend ist, ob seine Zungentechnik meisterlich oder dilettantisch ausfällt oder ob vier Minuten Penetration wirklich ausreichen. Aber so schlimm ist das alles gar nicht! Denn mal im Ernst: Ihr wollt mit uns über diese Dinge doch gar nicht reden. Ihr wollt nicht wissen, dass wir uns über unsere Cellulite Gedanken machen, wenn wir in der tibetanischen Beinschere begattet werden, ihr wollt nicht wissen, dass wir uns in der Löffelchenstellung fühlen wie ein gestrandeter Wal oder dass uns euer Penis an eine Comicfigur erinnert, deren Namen uns gerade nicht einfällt. Und ihr wollt auch nicht wissen, dass Kai-Uwe, Thorben oder Yoshimoto vor euch länger konnte, härter war oder uns hinterher immer noch eine Ölmassage verpasst hat. Fellatio interessiert euch nur unter dem Gesichtspunkt, wann es endlich mal wieder stattfindet, und nicht, welche politische Schlüsselstellung diese Spielart in der Frauenbewegung einnimmt. All das besprechen wir mit unserer Freundin. Wenn man es genau nimmt, ist es eine Art flotter Dreier: Zwei Menschen ficken und die beste Freundin kommentiert es.

Frauen wiederum machen sich auch so ihre Gedanken, worüber Männer eigentlich miteinander reden, wenn sie eine Nacht lang am Bartresen hängen und nach dem x-ten Mojito die Aussprache von Klospülungen bekommen. Frauenzeitschriften versichern uns, dass Jungs zwar voreinander angeben, als wären sie beim Casting von *Deutschland sucht den Superhengst*, sich aber niemals nicht unter keinen Umständen ihre sexuellen Probleme beichten. Und da kann ich nur sagen: Gelobt sei die männliche Eitelkeit! Frauen sind da einfach zu ehrlich. Sie sind erleichtert, wenn sie ihrer besten Freundin erzählt haben: »Ich seh nackt aus wie eine Gummipuppe, aus der die Luft halb raus ist, und im Bett neben mir liegt Catweazle«. Eine gute Freundin berichtet dann ebenfalls etwas Demütigendes, und beide Frauen liegen sich in den Armen und denken insgeheim: »Oh, wie armselig, dann bin ich mit meinem ja doch nicht so schlecht dran.« Das tröstet und verbindet. Männer machen so etwas nicht.

Kein Mann, wenn er nicht zu denen gehört, die heimlich vor Florian-Silbereisen-Postern onanieren, legt seinen Kopf auf die Schulter seines besten Freundes und sagt: »Manchmal fühle ich mich so ausgenutzt, wenn ich sie lecke, und dann hoffe ich, dass sie meine Rettungsringe nicht sieht, und wenn ich es dann endlich geschafft habe abzuspritzen, dreh ich mich schnell weg, damit sie nicht sieht, dass ich vor Erleichterung Tränen in den Augen habe.« Das tun Männer nicht. Denn berichten sie über eigenes Versagen, gelten sie als Lusche, und berichten sie über sexuelle Probleme ihrer Frau, gelten sie auch als Charakterschwein. Das ist sicher anstrengend für Männer, immer für das Glück und Funktionieren der ganzen Welt verantwortlich zu sein, aber für Frauen ist es sehr beruhigend, dass der beste Freund ihres Mannes nicht annähernd so viel über ihre Problemzonen weiß wie ihre beste Freundin über seine.

So sind alle zufrieden. Sie kann zum hundertsten Mal besprechen, warum sie keine lilafarbenen Strapse tragen oder ohne Höschen ausgehen möchte, während das Thema für ihn längst durch ist, und er kann bei seinem Freund durchblicken lassen, dass sie alles für ihn tut, weil er der beste Stecher in der Stadt ist – sogar lilafarbene Strapse ohne Höschen tragen. Sein bester Freund und ihre beste Freundin bilden dabei so eine Art Beichtgemeinschaft. Es ist günstig, wenn sie sich nicht kennen lernen, damit Dialoge wie »er hat mir erzählt, dass sie vier Mal pro Nacht kommt«, »Achja, sie hat mir erzählt, dass sie nicht kommt und es sich anschließend unter der Dusche selbst macht« gar nicht erst stattfinden. Der Sex zu dritt (er, sie und die Souffleuse) kann harmonisch sein, sofern sich alle Beteiligten an das große Gesetz der Diskretion halten. Die beste Freundin der Partnerin wird vom Mann niemals auch nicht im Scherz angefasst, angegraben, attraktiv gefunden oder zu Sexthemen befragt. Als Gesprächspartnerin ist sie absolut tabu. Kommentare zur eigenen Frau wie »deine Freundin hat aber gesagt, sie kann die Eier kraulen, wenn sie auf allen vieren kniet« sind nicht hilfreich. Auch Hinweise, dass gemeinsamer Sport vielleicht effektiver für das

Liebesleben sein könnte als Klönen bei Torte und Kirschlikör, führen nicht zu einer Verbesserung der Partnerschaft. Und mit Botschaften sollte die beste Freundin auch nicht losgeschickt werden. Wenn ihr der Meinung seid, eure Freundin liegt beim Sex da wie ein überfahrener Waschbär auf der Autobahn, dann teilt ihr das selbst mit (vielleicht nicht in diesem Wortlaut!). Und auch die Frage, warum eure Partnerin beim Anblick eures nackten Körpers den Kopf wegdreht, als sähe sie eine Schlächterszene im Kettensägenmassaker, solltet ihr im heimischen Bett klären, wenn ihr es denn unbedingt klären wollt (denn manches, was bei der besten Freundin lang und breit erörtert wird, bleibt in der Beziehung wirklich besser ungesagt).

Als Mann sollte man die beste Freundin hinnehmen wie ein verhätscheltes Haustier. Man akzeptiert zähneknischend ihre ständige Anwesenheit, man lästert nicht über sie, man ist nicht eifersüchtig, und man schätzt sie als emotionalen Punchingball der Liebsten.

Applaus Applaus Applaus

Ich habe nichts gegen Kerzen. Wirklich nicht. Auch Champagner und seidene Bettwäsche stimmen mich milde. Und wenn ein Mann trotz steigenden Hormonspiegels noch in der Lage ist, eine romantische CD aufzulegen oder Rosenblätter übers Bett zu streuen, nehme ich das wohlwollend zur Kenntnis. Kurz gesagt: Ich bin durchaus für erotische Inszenierungen zu haben. Aber irgendwann muss es auch gut sein. Irgendwann möchte ich einfach nur vögeln. Erinnert sich noch jemand, was das war? Man zieht sich gegenseitig die Kleidung aus, streichelt, schubbert und leckt sich, reibt, drückt und massiert, kichert und stöhnt, lutscht und stößt, und schließlich liegen alle Beteiligten schweißüberströmt und japsend wie diese kleinen hechelnden Schoßhunde auf den Laken, verdrehen die Augen und haben ein irres Grinsen im Gesicht. Das ist

Sex. Nicht wirklich originell, aber immer wieder schön.

Ich sehe ein, dass besonders phantasiebegabte Menschen sich kreativ ausleben möchten. Im Kopf sind Phantasien problemlos aufzuführen. Sie aber in die Realität zu übertragen, kann schwierig werden, denn da sind die technischen Möglichkeiten begrenzt. Und man muss sich fragen, ob Aufwand und Ergebnis noch in einem nachvollziehbaren Verhältnis stehen. Ich zieh mir ein Dirndl an, gut. Ich schnall mir die Dutteln bis unters Kinn, wenn mein Liebster möchte, dass ich aussehe wie die Geierwally auf Ecstasy. Womöglich würde ich sogar versuchen, beim Blasen zu jodeln. Ich bin wirklich entgegenkommend. Aber dass er sich eine Leiter vom Hausmeister borgt und in Lederhosen ums Haus joggt, um bei mir im zweiten Stock unter Lebensgefahr zu fensterln, oder dass er die Wohnung in ein blauweißkariertes Wiesn-Zelt verwandelt, das muss einfach nicht sein. Wenn ich mir die lederbezogenen Käfige in der Spezialabteilung eines Erotikkaufhauses auf der Reeperbahn ansehe, die mit Spikes gespickten Streckbänke, die zusammenfaltbaren Verliese oder von der Decke hängenden Quälvorrichtungen, dann frage ich mich schon, wie lange es dauert, bis man da mal zum Sex kommt. Hat man sich endlich in das taucheranzugähnliche Ganzkörper-Kondom gepellt und das Schlafzimmer Marke »Traudel Wohnlichs Gelsenkirchner Schlummerträume« zu einem Folterbunker umgebaut, ist das Wochenende doch fast vorbei. Ich finde: Das Anstrengende am Sex sollte der Sex sein. Nicht das Kulissenschieben. Das ist dann kein Vorspiel mehr, eigentlich ist es gar kein Spiel und manchmal leider auch nicht mehr lustig, sondern lächerlich. Eine Art erotische Muppet-Show. Wenn im Mann der kleine Starregisseur erwacht und in der Frau die verborgene Diva, ist Showtime im Schlafzimmer. Spot on, Applaus Applaus Applaus, und dann tanzen alle Puppen. Ob man Kermit den Frosch, Fozzie Bär, die beiden Alten aus der Loge oder Gonzo mit der obszönen Nase in den Federn liegen hat, ist reine Glückssache. Erotische Rollenspiele sind ja immer das Patentrezept, wenn sich ein erstes Gähnen im Bett breit, macht. Und solange es der Sache dient: von mir aus. Ich finde zwar, dass ein Körper genug Spannendes bietet, um sich damit zu amüsieren, aber manche Inszenierungen sind schnell organisiert, also warum nicht? Ein weißes Servierschürzchen, ein Staubwedel, schon kann die Vorstellung des verführten Au-pair-Mädchens losgehen. Eine Krawatte, ein Dutt: Fertig ist die sexy Gouvernante, die dem ungehorsamen Internatsschüler zeigt, wo der Rohrstock hängt. Ein Blaumann und ein Werkzeugkoffer, und der Klempner mit offenem Hosenlatz klingelt zweimal. Glück gehabt, wenn einen dabei nicht der Nachbar erwischt. Auch außer Haus verspricht die Maskerade für Erwachsene ein Jumbopläsier. Nuttig aufgeschnackelt in der Hotelbar oder im Trenchcoat als Doppelagentin zum Geiselaustausch – bitte. Was muss, das muss. Andere Besetzungen sind da schon schwieriger: Schneewittchen zum Beispiel. Klar, dass er der holde Prinz sein will. Wenn sie dann aber auf sieben Zwergen besteht und er nur einen bieten kann, hat das Laienspielvergnügen schnell ein Ende. Auch bei modernen Klassikern der Filmgeschichte stößt man schnell an seine Grenzen: *Matrix* nachzustellen dürfte schwierig werden. Weniger wegen der coolen schwarzen Ledermäntel und Sonnenbrillen. Aber wenn er lässig vom Schrank springt und versucht, in der Luft hängen zu bleiben wie Keanu Reeves, kann das zu orthopädischen Spätfolgen führen. Deshalb ist das Wichtigste im Bett vor allem: Humor. Wenn man zusammen drüber lacht, kann es so mies nicht gewesen sein. Und die bizarren Situationen, die sich womöglich ergeben, sind ja vielfältig. Vielleicht dachte er, heute Abend stehe *Jurassic Park* auf dem Spielplan, und während er als Riesenechse verkleidet mit Taucherflossen an den Füßen durch den nahegelegenen Park schlappt, wartet sie im Schulmädchen-Faltenrock an der Bushaltestelle auf den bösen fremden Mann. Da glaubt man dann eher, man wäre in einer Folge der versteckten Kamera oder in einer dieser merkwürdigen japanischen Shows, in denen Kandidaten alles tun, um sich für den Rest ihres Lebens zu demütigen. Bei all den Kostümen, Aufbauten, Masken und Szenerien vergisst man dann schnell, worum es eigentlich geht: ums Vögeln. Sehr erotisierend ist das nicht, wenn er immer pampiger wird, weil sie schon zum dritten Mal den Einsatz als verängstigte Prinzessin Leia verpasst hat und im hysterischen Lachkrampf auf ihren Haarschnecken herumkaut, während er mit dem Leuchtkondom überm Dödel ein Laserschwert imitiert. Die eigentliche Sache und wie sich das anfühlt, was man miteinander treibt, wird durch das Outfit oder die Szenerie sowieso nicht verändert. Ein dilettantischer Liebhaber, der »Klitoris« für den Namen einer thailändischen Pornodarstellerin hält, bleibt dilettantisch, auch wenn er den Hörnerhelm von Conan-dem-Barbaren auf dem Kopf hat und sich wild grunzend ins Bärenfell wickelt. Und keine g'schamige Gänseblümchenmaid wird zum wilden Tier, nur weil man sie wie Barbarella ausstattet. Da kann man sich noch so sehr verkleiden. Am Ende hat man doch wieder Fozzie Bär im Bett.

Godzilla im Spiegel

Die sensibelste erogene Zone des Mannes ist radieschenförmig, glitschig und hat einen Durchmesser von etwa 2,5 Zentimetern. Der kleinste Reiz genügt – schon kommt es in der Jeans zu sturzbachähnlicher Durchblutung. Und weil es so schön ist, hat der Mann gleich zwei davon. Ich singe jetzt keine Ode an die Klöten, obwohl das ein lustiger Körperteil ist, der aussieht wie eine Mischung aus einem Oma-Einkaufsnetz und einem Truthahnhals, sondern ich rede von den Augen, denn der Mann ist ein Augentier, und ein geiler Mann eine Art Schniepel mit Sehstielen. Das Gucken verbindet den Mann mit der Außenwelt, was praktisch für uns Frauen ist, denn mit dem Zuhören haben es Männer ja eher weniger. Eine Frau, die zum Mann durchdringen will, sollte es also über optische Signale probieren. Bei wichtigen Mitteilungen hilft Winken, Gebärdensprache oder das Öffnen eines Blusenknopfes. Das Problem bei dieser an sich praktischen Konstruktion ist allerdings, dass zwischen Auge und Gemächt oft kein Gehirn geschaltet ist. Deshalb sehen Männer manchmal auch schlicht etwas anderes. Beim Blick in den Spiegel zum Beispiel. Godzilla steht davor, aber Tom Cruise guckt raus. Das ist faszinierend, weil Frauen jede einzelne ihrer Cellulitis-Dellen genau kartografiert haben und täglich ihren Zerrüttungsstatus protokollieren. Ich habe schon Frauen beobachtet, die aussahen wie eine Mutation aus Schneewittchen und Miss World und ehrlich verzweifelt waren über die Form ihres Bauchnabels oder die Falte überm Knie. Das ist bei Männern anders, denn ihr wundersames Organ macht aus jedem Shrek einen Prinz Charming. Dann folgt der Paarungstanz, bei dem ich mich immer wegwerfen könnte, wenn ich ihn in Clubs oder auf Partys miterleben darf: Ein Wolpertinger betritt das Parkett, nähert sich dem nächsten Mädelstisch und gräbt prompt die attraktivste aller anwesenden Frauen an. Hat er ein Recht drauf. Glaubt er. Denn nur die Beste ist würdig. Jungs? Hallo? Wir Frauen haben auch Augen. Das wüsstet ihr, wenn ihr uns mal über die Dutteln hinaus bis hoch ins Gesicht sehen würdet. Und das rotgeschminkte Herzchen im Gesicht, wo die komischen Laute rauskommen und bei dem ihr direkt an saftiges Saugen denkt, das ist der Ort, von wo ihr euch eure Abfuhr holt. Denn die Queen der Cheerleader geht nun mal nicht mit dem buckligen Platzwart unter die Tribüne, sondern wartet auf den Quarterback. Männer, und das stützt meine Vermutung von der direkten Verbindung zwischen oben gucken und unten jucken, scheinen es oft einfach nicht mitbekommen zu haben, dass eine schöne Verpackung wenig über die Qualitäten im Bett aussagt. Dass eine Frau einen straffen Hintern hat, heißt noch nicht, dass sie ihn auch wollüstig schwenken wird. Und nur weil sie sportlich und mühelos die wildesten Kamasutra-Verrenkungen nachturnen kann, schließt nicht aus, dass sie später daliegt wie bei ihrer eigenen Obduktion. Ich will jetzt nicht behaupten, Frauen seien die besseren Menschen. Oder die kurz-

23

sichtigeren. Schönes volles Haar, sinnliche Lippen, eine samtene Haut und ein Po, der Walnüsse knacken kann, sind für einen Mann auf der Balz schon von Vorteil. Aber wenn der Latin Lover dann den Mund aufmacht und sich anhört wie Beavis and Butthead, dann ist die Sache gelaufen. Natürlich gibt es Sachen, die gehen gar nicht. Bunte Hemden mit weißen Kragen zum Beispiel. Lustige Krawatten mit Comic-Motiven. Turnschuhe. Goldkettchen. Körpergerüche, egal ob sie aus dem Rachen oder unter den Achselhöhlen hervordampfen. Speicheltröpfchen beim Sprechen. Geringschätzige Blicke jeder Art. Gelbe Fingernägel. Plankton auf den Zähnen. Oder fransige Oberlippenbärte. Bei manchen Exemplaren, das gebe ich zu, wünscht man sich als Frau die Einführung der Männer-Burka. Das hat aber meist nichts mit der tatsächlichen Attraktivität zu tun, sondern mit einer weit verbreiteten Einstellung, dass Kosmetikerin, Maniküre und ein gutes Modestyling jeden echten Kerl sofort verschwulen. Ich persönlich unterscheide strikt zwischen hässlich und unfickbar. Hässlich darf er sein. Wenn er ein guter Typ ist und das Beste aus sich macht, bin ich keine, die die Wülste des Waschbrettbauches auf Vollständigkeit nachzählt oder Bizepsumfänge nachmisst. Unfickbar ist aber jeder, der respektlos mit Frauen oder der eigenen Körperhygiene umgeht. Und als Hoffnungsschimmer für all die Waschbärbäuche und laufenden Meter sei verraten, dass sich unter Frauen durchaus schon herumgesprochen hat, welche Männer sich im Bett am meisten lohnen: die, die sich Mühe geben. Die ehrlich begeisterten. Die fidelen Ficker. Die mit flotten Fingern und zügigen Zungen. Wenn ich mir mal ein Wachsfigurenkabinett einrichte, werde ich mir gern Brad Pitt in Paraffin gießen lassen. Aber im Bett möchte ich keinen Mann haben, der über dem Kontrollblick in den Spiegel vergisst, dass er gerade beim Vögeln ist und nicht bei der Wahl zum Mr. Universum. Barbies Ken ist ein wirklich schöner Mann. Aber leider auch aus Plastik. Und obwohl das eigentlich allen klar ist, erzählen wir uns weiterhin, wie wichtig die Attraktivität für den Marktwert ist. Die schönsten der Schönen finden sich in speziellen Partnervermittlungen, gute gestandene Schauspielerinnen werden durch stammelnde straffe Serienhäschen ersetzt, in Talkshows ziehen die Prolls dieses Landes über alle her, die nicht das gesamte Tageslicht mit Sport verbringen. Und dann wird so getan, als sei Schönheit, Jugend und Sex die erotische Dreifaltigkeit. In meinen Albträumen stehen gestählte Sprechchöre in den Discotheken und rufen: »Kein Sex für Hakennasige!« »Kein Sex für Fettsteiße!« »Kein Sex für Plattbusige!« »Kein Sex für Alte!« Nur »Kein Sex für Idioten« schreit niemand, denn das ist diskriminierend. Was die perfekt getrimmten Arschgeweih- und Tribalttatooträger aber eingeklemmt zwischen Hanteln und Steppern nicht mitkriegen, bzw. was sie sich gar nicht vorstellen können, ist: Die Hässlicheren haben auch Sex. In der Zeit, in der sich die Schönen noch schöner trimmen, haben die Hässlicheren Sex. Ein fröhlich vögelndes Volk. Und dass so manche Bierwampe und manche Stockbeine käseweiß durch die Clubs stöckeln, liegt einfach daran, dass sie keine

Zeit hatten, ins Sonnenstudio zu gehen oder durch den Park zu joggen. Weil sie beschäftigt waren. Mit Sex.

Teenie-Sex

Jung sein ist ätzend. Ich meine nicht dreißig sein oder auch zwanzig. Zwanzig ist völlig okay, die ekligen Pickel sind weg und die noch viel ekligeren Typen, aus denen die Pickel rauswuchsen, auch. Aber richtig jung sein, im Hormonrausch der Pubertät, ist furchtbar. Alles gelogen: Die Videohüllen der Erwachsenenabteilungen schreien »Nimm mich, bevor ich neunzehn werde«, und in den berühmtesten Weichzeichnern der Pornogeschichte, *Bilitis* und *Zärtliche Cousinen*, spielen gerade dem Playmobilalter entwachsene Maiden versonnen lächelnd im Morgentau an ihren knospenden Hühnerbrüstchen, ganz zu schweigen vom Brüll- und Kreischsender VIVA, wo die Luderliga, kaum aus den Windeln raus, die heißen Haxen schwingt wie routinierte Vorstadtprostituierte. Teenies, so möchte man gern glauben, haben den schärfsten, geilsten, heißesten Sex auf

diesem Erdball, immer knackig und dauer-
rattig. Außerdem haben sie neben der Schule
zu viel Zeit, die man gut mit gegenseitigem
feuchten Gefummel verbringen kann, da
man sich in dem Alter eh wenig zu sagen hat.
Der Genitalrausch lässt ihnen ja keine andere
Wahl, als endlich alle Stellungen des Kamasutra auszuprobieren. Aber bitte: Die Wirklichkeit, die sah anders aus. Ständig durch-
blutete »Geschlechtsteile« zu haben wie eine
Pavianherde, ohne zu wissen, wie man sie
wirklich spaßbringend einsetzt, war doch ein
einziger Krampf. Ich erinnere mich da an
diverse Kuss-Spielchen mit einer drehenden
Flasche, bei der man hektisches Geschlabber
über sich ergehen lassen musste, weil Jungs
in dem Alter küssen wie ein Hund namens
Beethoven. Von verhedderten Zahnspangen
und aufbrechenden Riesenpickeln auf rot-
kratrigen Nasen will ich jetzt gar nicht reden.
Und dann diese Missverständnisse! In einer
Zeitschrift stand zum Beispiel, Männer mit
einem kleinen Penis bräuchten sich nicht zu
grämen, denn dank Schwellkörper könne er
erigiert bis auf die doppelte Länge anwach-

sen. Leider stand in einer anderen Zeitschrift, der statistische Euro-Schwanz sei sechzehn Zentimeter lang. Ich war nie gut in Mathe, aber auf schockierende 32 Zentimeter kam ich denn doch (genauso lang wie ein unterrichtsübliches Lineal), und die Vorstellung, bis zu den Rachenmandeln gepfählt zu werden, hielt mich erst mal vom penetrativen Selbstversuch ab. So bleibt der Teenager nicht nur mit seinen wirren Gedanken alleine, sondern auch mit seinem Hormonstau. Und dagegen macht er das, was Teenager nun wirklich gut können: masturbieren. Jungs tun es. Mädchen auch, nur dass sie diskret drüber schweigen, während Jungs jeden vergossenen Tropfen Sperma frenetisch feiern wie später nur den Superbowl. (Da bekommt das Wort Homecoming King eine völlig neue Bedeutung.) Allerdings gab es da auch den Tag, an dem mein arg verklemmter Freund an der Haustür klingelte und einen riesigen Fleck im Schritt hatte, den man dunkelblau auf hellblauer Jeans weithin sehen konnte. Jahrelang habe ich geglaubt, er hätte entweder auf dem Weg zu mir onaniert und kanis-

30

terweise Ejakulat in seine Jeans ergossen oder sich vor Angst vor Annäherungen meinerseits in die Hosen gemacht. Ich musste Mitte zwanzig werden, bis mich ein späterer Lover aufklärte, dass Männer (warum tun die auch so was?) Getränkedosen beim Autofahren zwischen die Oberschenkel klemmen, wobei dann öfter was danebenschwappt. An dieser Stelle möchte ich mich offiziell bei meinem besudelten Jugendfreund entschuldigen für die vielen Partys, bei denen ich diese Geschichte unter brüllendem Gelächter erzählt habe. Es war auch nicht wirklich nett von mir, dass ich auf denselben Partys erzählt habe, wie ich ihn bei einer Pizza ehrlich interessiert nach seinen Wichsgewohnheiten fragte und er empört »Selbstschändung« ausrief und sich aus dem Staub machte (wahrscheinlich um sich kathartischer Geißelung hinzugeben). Und erst diese Entjungferungsorgie. Himmel, was für ein Hantier! Kaum zu glauben, dass nach so vielen vorbereitenden Gesprächen mit sämtlichen Freundinnen schließlich nur zweieinhalb Minuten und die berühmtesten drei Worte der Bettgeschichte übrig blieben: »War's das jetzt?« Offensichtlich, denn der glückliche Erste lag auf mir wie ein erschossener Grizzly, und er grunzte und roch auch so ähnlich. Als das erst mal geschafft war, eröffnete sich endlich ein breites Feld zum Experimentieren, und wie im Chemie-Unterricht waren die Pannen eigentlich immer das Lustigste. Es hat schon was, zu sehen, wie ein Mann in einem Hotel nackt auf dem Boden kniet, um einen Spermafleck auf dem Rauputz trocken zu föhnen, den er verursacht hat, als er sein Kondom zugeknotet hinter sich gegen die Wand warf. Auch ein Ikea-Möbel unter lautem Getöse zu zervögeln, gehört zum Standard (nicht umsonst gibt es ein Ikea-Hochbett, das »Gutvik« heißt…). Eher was für Fortgeschrittene war dagegen der Nachmittag, an dem potenzielle Schwiegereltern zum Kaffee kamen und der Kater die am Vorabend gekauften Liebeskugeln ins Wohnzimmer tüllte. Dabei hatten die sich noch nicht einmal als besonders lustvoll erwiesen, denn man spürt sie eigentlich nur, wenn man die Knie leicht beugt und den Hintern wespenartig schwingt, worauf ein zartes Klöngeln aus Richtung Uterus ertönt, so dass vom Gebrauch in der Öffentlichkeit eher abzuraten ist. Aber insgesamt hat sich doch alles ganz gut eingespielt. Man weiß, wofür der magische Punkt zwischen Hintertürchen und Hodensack beim Mann gut ist (um durch sanften Druck die Ejakulation zu verzögern), und wie man ein Kondom mit dem Mund abrollt (ohne Zahnkontakt!). Vielleicht wird man nicht mehr beim Anblick von Barbarella-Comics geil. Und auch in der U-Bahn während der Rushhour gegen einen fremden Männerrücken gepresst zu werden, lässt mein Höschen nicht mehr feucht werden. Aber wenn es dann dazu kommt, wenn man weder Migräne hat noch Vorstandssitzung, wenn die Pille richtig eingepegelt ist und der Mann überzeugt, dass eine Intimrasur nicht tuntig ist, wenn es also im reifen Alter von gut dreißig zum Sex kommt, dann weiß man auch, was man tut und dass der Partner nicht vor Leidenschaft schreit, sondern aus Verzweiflung, wenn sein Eichelfädchen bei der Fellatio im Zungenpiercing klemmt. Und so kann man als erfahrene, eingespielte, liebeshungrige Partnerin die Jahre, bis der Sex durch Ischias und Bluthochdruck wieder problematischer wird, in Frieden genießen.

Nicht schon wieder Zwerge

Es gibt Dinge, die sind immer wieder schön: schnurrende Katzen, belgische Borkenschokoladen-Trüffel oder ein gegenseitiger Chamäleon-Zungen-Wettbewerb bei der 69 zum Beispiel. Anfangs kann man gar nicht genug bekommen. Aber alles, was so schön anfängt, kennt man irgendwann, und nach einer Phase der angenehm bequemen Vertrautheit rückt sie dann an wie das unvermeidliche Putzkommando eines Pornokinos im Morgengrauen: die Langeweile. Jeder noch so attraktive, noch so heiße, noch so geliebte Mensch wird irgendwann öde, und jeder noch so heiße, noch so wunderbare Sex verwandelt sich irgendwann in ein zähes, graues Gähnen. Das ist ein Naturgesetz. So steht es in allen Illustrierten, also muss es ja wahr sein. Ich bin ein friedliebender, optimistischer Mensch, aber ich kann kaum beschreiben, wie dermaßen nervig ich diese Leier

35

finde. »Liebe Briefkastentante, mein Ehemann hat im Bett die Leidenschaft eines platt gefahrenen Waschbären«, »10 Tipps, damit die Liebe auch im kritischen dritten Jahr noch heiß wie Frittierfett bleibt«, »Lieber Dr. Sommer, gibt es ein Leben nach dem Kamasutra?« Dass Liebe zwangsläufig fad wird und dass man dann die Anstrengung eines Iron-Man-Kampfes investieren muss, um sie wieder auf Hochtouren zu bringen, ist ein Mythos, groß wie King Kong und mindestens ebenso hässlich. Sieht man ihn sich einmal näher an, entdeckt man schnell, wie perfide er funktioniert: 1. Phase: Allen, die noch nicht glücklich liiert sind, einreden, nur das Unbekannte sei spannend und nur die Überraschung das große Glück. Das erste Mal, egal wobei, ist der Höhepunkt, danach geht es nur noch bergab. 2. Phase: glücklichen Menschen einreden, dass die Leidenschaft vergehen muss. Zwangsläufig. Weil das eben so ist. 3. Phase: krampfhafte Wiederbelebungsmaßnahmen einer Anfangsleidenschaft, die an einen defekten Defibrillator in *Emergency Room* erinnern. Das große Missverständnis liegt darin, dass Zeitschriften, Talkmasterinnen und Sexratgeber-Autorinnen behaupten, das Problem sei die Wiederholung. Die Lösung ist demzufolge das Neue. Also rüsten die sexwilligen Paare auf: Man kauft die Lack-und-Leder-Streckbank mit Extra-Spikes, macht einen Windelkurs für klitschkogroße Babys, lernt Bondage und treibt es im Paternoster des Finanzamtes. Man treibt es von vorn, von hinten und als Löffelchen, im Bett, auf der Wiese, auf dem heißen Herd. Man bittet Karlheinz von nebenan dazu oder entblößt sich im Streichelzoo vor den spuckenden Lamas. Das mag ja alles mehr oder weniger interessant sein, es hat nur einen Nachteil: Egal was man tut, irgendwann wird es Routine. Selbst wenn man sich von onanierenden Zwergen ans Kreuz nageln lässt: Nach ein paar Malen kennt man die Zwerge, und kopfüber am Kreuz gehangen hat man dann auch schon. Und weil irgendwann alles bekannt ist, lauert auch in jeder neuen immer heißeren, immer schärferen Sex-Raffinesse wieder die Eintönigkeit. Das heißt ja nicht, dass man nichts mehr ausprobieren soll. Wenn man es nicht als Allheilmittel für ein laues Triebleben sieht, kann das ganz witzig sein. Neulich rief zum Beispiel eine große deutsche Frauenzeitschrift zum Angriff der Geishas auf. Asia-Sex. Warum nicht, dachte ich und entrümpelte wie vorgeschrieben das Schlafzimmer. Nach schweißtreibenden zwei Stunden war es endlich so asketisch leer geräumt und japanisch dekoriert, wie die Autorin sich das vorgestellt hatte.

Dem irritierten Liebsten, der mich in meinem viel zu großen Kimono wohl für eine schlechte Kopie von Obi-Wan Kenobi hielt, machte ich klar, dass jetzt exotische Liebeskunst angesagt war, warf ihn aufs Bett und mich obendrüber. »Oh, benetze mit deinem Tau meine Kirschblütenknospen«, säuselte ich den Anregungen der Zeitschrift folgend und kniete mich über ihn, womit ich statt strömenden Ejakulats aber nur pubertäres Gegacker hervorrief. »Ich werde meinen Panda dein Samuraischwert begrüßen lassen«, ich senkte kreisend mein Becken, »damit du die kostbare Jadeperle im heiligen

Schrein findest.« Sein Samuraischwert sah nicht besonders kampfbereit aus und meine Jadeperle fühlte sich auch eher wie eine Erbse mit Migräne an. Weder die »Erklimmung des Berges von Gion« noch das »Spiel mit der Schärfe des Wasabi« brachte uns der Ekstase näher, und ich fragte mich langsam, wie viel Sake man wohl intus haben muss, um diese Nummer geil zu finden. So einigten wir uns kurzerhand auf unsere übliche Lieblingsstellung: Geisha kniend, die heiligen Schneeberge von Tokyo hoch in der Luft, und vorn auf der Schulter liegend, weil ich so am besten die Jadeperle mit den lieblichen Fingerspielen der Schleierfische umkreisen kann. Und während wir uns so ganz banal zurück nach Westeuropa fickten und die Yin-Yang-Kugeln seines Samuraigehänges ganz ohne meditatives Geläut im Rhythmus gegen die Öffnung meines wundertätigen Schreins stießen, da musste ich plötzlich an Schweinefleisch süßsauer denken und dass das bei Chen Loh um die Ecke schmeckt wie frittierter Rüssel. Mein folgender Lachkrampf war im Skript der Frauenzeitschrift nicht vorgesehen, und

nur intensives gemeinsames Denken an die
überaus scharfe Lucy Liu, die in einem überaus scharfen schwarzen Latex-Catsuit nackt
und schwitzend und natürlich breitbeinig auf
einem vibrierenden Motorrad sitzt und sich
langsam schaukelnd am Leder reibt, brachte
mich beim Fest des großen Drachen bis zum
Feuerwerk. Was also tun, damit es immer
so weit kommt, zum Funken sprühenden,
infernalisch geilen Anfangssex? Wenn es die
immer bizarreren, immer gewagteren Inszenierungen nicht sein können, muss es das
Gegenteil sein. Die kleinen Freuden. Die
Nebensächlichkeiten. Das, was verschütt gegangen ist bei allmorgendlichem gemeinsamen Zähneputzen. Nicht die Dinge, die man
zu viel getan hat, sind Schuld an der Unlust,
sondern die, die man im Alltag gelassen hat.
Sich Ewigkeiten tief in die Augen zu sehen
zum Beispiel. Im Hausflur zu knutschen, bis
die Nachbarn rebellieren. Die Tagesschau,
den Anruf der Mutter, das Ping der Micro-
welle zu ignorieren, weil sich die Zunge gerade so nett in der Ohrmuschel zu schaffen
macht. Mal Körperteile des Partners anzu-

fassen, einfach weil sie schön sind und nicht, weil man sie zum Sex braucht. Die Knie-kehlen zum Beispiel, die Fußknöchel, das Stückchen hinter der Ohrmuschel, bevor der Haaransatz anfängt. Miteinander flüstern. Sich anrufen. Zettelchen hinterlassen. Un-term Tisch die Hand auf den Oberschenkel legen. All diese Kleinigkeiten, die man macht, wenn man vor lauter Verliebtheit kaum auf-recht stehen kann. Und was die Langeweile angeht: Ich glaube nicht, dass etwas wirklich Schönes schlechter wird, nur weil man es zu oft tut. Schnurrende Katzen zum Beispiel sind immer großartig. Und auch der Asia-Sex war witzig, weil er uns klargemacht hat, dass es schon einen Grund hat, dass wir Sex haben, wie wir ihn haben. Letztendlich lagen wir keuchend da und teilten uns nach all den Strapazen eine Packung Glückskekse. Und die haben wir einfach weggeknabbert und nicht etwa mit Stäbchen aus irgendwelchen Körperöffnungen geklaubt.

Barbie und Ken im Sexshop

Das Erste, was mir einfällt, wenn ich an einen Sexshop denke, ist der Vorhang aus bunten Plastikstreifen in der Tür, bei dem ich mir immer vorstelle, er solle wie eine Art Fliegenfänger die Lüsternen und Gelangweilten dieser Welt anlocken, sie festhalten und verwickeln, bis sie vom Personal des Dödel-Etablissements herausgeklaubt werden. Innen geht es dann ähnlich klebrig weiter. Am Tresen stehen Manni (Ex-Fernfahrer, Gelegenheits-Tubabläser, Im-Swingerclub-trotz-Bauch-Tangaträger) und seine getreue Gaby (David-Hasselhoff-Fan, Vorstadtdauerwelle, und dank Hunderter Stunden auf dem Super-Sun-Booster gebräunt wie Ramses II. nach der Ausgrabung). Beide sehen aus, als sei gerade eben ihre Kneipe »Gabys lustiges Bier-Eck« wegen Kakerlaken im Kartoffelsalat geschlossen worden. Und weil's nahelag, haben Manni und Gaby etwas ähnlich

Unappetitliches eröffnet: einen Sexshop. Ich meine jetzt nicht die hochgetunten Erotik-Boutiquen, die sich hinter schwarzen Scheiben verbergen und die es mittlerweile in jedem etwas größeren Einkaufszentrum gibt, sondern die kösigen kleinen Rammelbuden in Bahnhofsnähe. Da ziehen sich frühpensionierte oder arbeitslose Gestalten mit Bierfahne schon morgens um elf die Hose über den Wanst und schielen ständig zur Theke, ob nicht doch mal eine Professionelle vom Straßenstrich vorbeistöckelt, um sich bei der mütterlichen Gaby mit einem Automatenkaffee aufzuwärmen. Das Angebot dieser Läden besteht aus Regalen voller Videokassetten und DVDs, für deren Titel man die Produzenten öffentlich mit Gülle überschütten sollte: *Fette Omas wichsen vor schwitzenden Schwulen, Gang Bang mit faulem Gemüse, Spermaorgie im Gummiboot.* Daneben liegen unterarmgroße Vibratoren und die staunenden alienartigen Gesichter der aufblasbaren Liebesdienerinnen. Ein paar billige Slips gibt es, ein Apothekenregal mit Cockringen und Kondomen und spanischer Fliege, deren

Verfallsdatum im dreißigjährigen Krieg abgelaufen ist. Auch ein paar Scherzartikel dürfen nicht fehlen, Nudeln in Penisform, Seife in Penisform und, achja, Schlüsselanhänger in Penisform. Die Zeitschriften sind eingeschweißt und bilden somit die einzige keimfreie Zone des Ladens. Gut, Sex ist nun mal eine schmutzige Sache – im übertragenen und tatsächlichen Sinn. Sex ist nichts für Sagrotan-Fetischistinnen. Er ist unhygienisch, schwitzig, und wenn sich Bäuche in der Missionarsstellung aneinander festsaugen, auch klebrig. Aber, liebe Sexshop-Gabys dieser Welt: Ein Fußboden, der bei jedem verlegenen Schritt vom Intimwaschlotion-Regal zum Handschellen-Ständer ein obszönes »smotsch« hervorruft, steigert die Geilheit auch nicht gerade. Angegilbte Papierschachteln, auf denen man die Abbildung kaum mehr erkennt und nur noch raten kann, ob man gerade ein Potenzmittel oder ein Insektenvernichtungspulver in der Hand hält, fördern nicht die Freude am Einkauf. Kein Wunder, dass diese Läden nicht wirklich das beliebteste Ausflugsziel von shoppingwilligen Hausfrauen sind.

Das hat auch die Erotik-Industrie erkannt, allen voran die wackere Frau Beate U. mit der Gesichtshaut einer Schildkröte. Dank ihr gibt es mittlerweile freundliche Erotik-Boutiquen in Kaufhäusern, meist gelegen zwischen der paillettenbestickten Abendmode für Übergewichtige (in der die wie laufende Christbaumkugeln aussehen) und den Blusen für Omas siebzigsten Geburtstag. In diesen hell ausgeleuchteten, von allen Seiten einsehbaren Freuden-Ecken liegen gläserne Dildos auf Samtkissen, und munter schwatzende Verkäuferinnen tragen edle Dessous durch die Gegend. Neben der Umkleidekabine steht schon mal ein Kinderwagen, der vom properen Personal auch gerne geschuckelt wird. Kichernde Schulmädchen geben sich die surrenden kleinen Geräte wie Hamster im Zooladen in die Hand, und eine ganz verwegene scharfe Mutti trägt mit hochroten Bäckchen Nippelklemmen mit Federverzierung zur Kasse, als wollte sie damit zu Hause die berühmte Tanznummer aus Loriots *Ödipussi* zum Besten geben (»Meine Schwes-ter heißt Po-ly-es-ter…«). Überhaupt Plastik. Passend zu dem Barbie-und-Ken-tun-es-Ambiente ist auch das Sortiment. Vibratoren in Dödelform, hautfarben und geädert mit »realistischer« Eichel und dick wie eine Kochwurst waren gestern. Heute besorgt frau es sich mit kleinen ergonomisch nach dem Kitzler geformten Kieselsteinen, die man da beilegt, wo es am schönsten ist. Finesse statt Ficken. Ganz humorvolle Masturbationsmaiden bevorzugen Vibratoren in Form eines Maulwurfs. Wer bitte will schon von Engerlingfressenden Gartenparasiten gepoppt werden? Aber er lächelt freundlich und, ja, ein bisschen verschmitzt, dieser Maulwurf, genauso wie die Verkäuferin. Und da liegt auch das Problem. Sex ist nicht freundlich verschmitzt, sondern, siehe oben, eine schmutzige Sache. Die Idee dieser Kaufhaus-Lustgrotten ist an sich nett: Kommt die Frau nicht zum Sex, kommt der Sex zur Frau. Zwischen Ballettschlüppcheneinkauf für die Kleinste und dem Geburtstagsgeschenk für Tante Hilde springt Mutti schnell mal in die bunte Welt der multiplen Badeschaumfreuden und verlässt umso befriedigter den Einkaufstempel.

Mich würde allerdings nichts, wirklich nichts in der Welt dazu bringen, dort einzukaufen. Erstens bin ich nicht wirklich scharf darauf, mit meiner Nachbarin, meiner Trainerin von der Rückenschule oder wen ich da sonst noch so treffe, die Vorzüge des neuen Turbodildos zu diskutieren. Zweitens geht in diesem Ambiente zwischen Billigfriseur, Jeansdepot und Kochtöpfen jeder Rest von Prickeln verloren. Ein bisschen verwegen möchte man sich doch vorkommen. Klar, es ist toll, dass wir alle so wahnsinnig aufgeklärt, abgeklärt und routiniert über unsere Körperöffnungen reden. Aber spannender ist es schon, wenn ein bisschen Rotlichtmilieu dazukommt.

O Gaby, Mutter aller Klebrigkeit, zieh dir die Haut hinter die Ohren, breite die neuesten Freudenspender aus und mach ein Käffchen, ich komme!

Sind wir nicht alle ein bisschen Kleo?

Männer sind ja generell ein Geschenk an die Menschheit. Glauben sie zumindest. Wenn ein Mann in den Spiegel sieht, hört er augenblicklich wahlweise die ersten Takte von »Freude schöner Götterfunken« oder »I'm too sexy«. Alle Spuren seines wundersamen Wandelns auf Erden versteht er als kostbare Hinterlassenschaft, auch die ausrasierten Nasenhaare im Waschbecken, den Zahnpastarotz auf dem Badezimmerspiegel oder das gebrauchte Kondom im Biomüll (wo es trotz des Geruchs nach verrottenden Eingeweiden nicht hingehört). Aber manchmal muss mann eben doch etwas besorgen, das sich in Geschenkpapier wickeln und formvollendet überreichen lässt. Es drohen Feiertage aller Art: Geburtstage, Valentinstage, Jahrestage, Kennenlerntage, dazu Entschuldigungen und natürlich Bagger- und Überredungsaktionen.

Damit ist der Mann herausgefordert, denn das Wichtigste, das Allerwichtigste bei einem Geschenk ist mitnichten der Preis, obwohl das uns Frauen immer vorgehalten wird (und obwohl es den meisten Geschenkideen tatsächlich gut tut, wenn man ein paar Euro mehr investiert), sondern dass er sich dabei Gedanken gemacht hat. Liebe Männer, rechnet schon mal mit der Frage, warum ihr ausgerechnet *das* gekauft habt. Frauen hören auch gerne die Entstehungsgeschichte eines Geschenks. Frauen wollen wissen, was überlegt und wieder verworfen wurde, wo danach gesucht wurde, wie es schließlich zum entscheidenden Hinweis kam. Deshalb niemals, aber wirklich niemals fertig gebundene Blumensträuße kaufen, die in Läden in großen Eimern herumstehen, und auch keine Pralinenpackungen, auf denen bereits »You are so sweet« steht. Frauen wollen keine Instant-Präsente, sondern unter Qualen und Einsatz des eigenen Lebens exklusiv für sie erlegte Mammuts. Besonders schön sind auch Geschenke, die mit Aktionen verbunden sind, z. B. ein Designerbademantel zusammen mit einem Gutschein für ein gemeinsames Bad im Whirlpool. Oder ein Körbchen voller Aphrodisiaka und seinem Handy, das sie für ein ganzes langes Wochenende abschalten darf. Oder ein Sklavenhalsband für ihn mit dem Versprechen, es in einem schönen Hotelzimmer ununterbrochen zu tragen – nackt natürlich.

Da der Mann immer das Wild und seine Erlegung seit der Steinzeit fest im Blick hat, sucht er seine Geschenke vorwiegend aus dem Bereich aus, der wiederum ein Geschenk für ihn ist: Sex. Ein besonders beliebtes Präsent sind deshalb Dessous. Allerdings sind die auch besonders riskant. Kauft er uns einen schwarzen Spitzenslip, der wirklich scharf ist, nur leider eine Nummer zu klein, ist die Peinlichkeit vorprogrammiert, denn keine Frau fühlt sich sexy in etwas, das kneift und in den Nähten kracht. Außerdem wird eine so beschenkte Frau sofort vermuten, er wolle ihr damit mitteilen, sie habe in letzter Zeit zugemoppelt. Ist der Slip dagegen zu groß, kann er sich auf was gefasst machen und sich die Streicheleinheiten da holen, wo

50

er offenbar beim Sex mit seinen Gedanken ist: im Zoo, bei den Nilpferddamen.

Auf jeden Fall zu empfehlen, wenn es denn schon unbedingt ein Höschen sein soll, ist ein Slip ouvert, denn wenn sie das neue Schätzchen gleich an der Bettkante wieder abwirft, macht das Geschenk nicht wirklich Sinn. Dazu vielleicht ein hautfreundlicher Rasierschaum und ein neuer Ladyshave, damit die schick verhüllte Muschi nicht aussieht wie ein Pudel unter einem Nylonstrumpf. Und natürlich darf *er* sich dann nicht zieren und sollte rasurtechnisch mit gutem Beispiel vorangehen. Beim Dödel im Schamhaarwust ist es wie mit Frauen in Mänteln: Pelz staucht zusammen. Nackig sieht er einfach länger aus.

Auch mit den Dutteln sind die Damen schwierig. Ist der BH zu klein, weiß er ihre Pracht nicht zu würdigen. Ist er zu groß, unterstellt sie ihm, er träume von Pampelmusen, wo es nur Himbeeren zu holen gibt. Von geschmackloser Wäsche mit Nutellageschmack, aufgedruckten hüpfenden Pimmelchen oder Federumsäumung will ich jetzt gar nicht reden. Hier gilt die Faustregel: Nur ein Playboybunny trägt Puschel, nur ein Christbaum Glitzer und nur Bibo aus der Sesamstraße sieht in Federn heiß aus. Wer auf Ritzenflitzer mit Strasssteinchen oder Perlen steht, müsste von seiner Liebsten dazu gezwungen werden, mit einem Stacheldraht-Tanga ins Büro zu gehen.

Frauen und Geschenke ist also eine Art Minesweeper für Fortgeschrittene. Nur eins ist noch schlimmer, als das Falsche zu schenken: es zu lassen. Also lernt vom Feind und macht es wie eine der berühmtesten Sexgöttinnen der Weltgeschichte: Kleopatra (die echte, nicht die mit den Waigel-Augenbrauen aus dem Kitschfilm). Die rollte sich in einen Teppich und ließ sich als Präsent zu Marc Anton tragen. Sex zu verschenken hat viele Vorteile: Es ist persönlich, günstig, freut beide und führt ohne Umweg zum Sinn und Zweck eines Geschenks. Und da gibt es viel, was Frauen sich wünschen. Zum Beispiel an lange vernachlässigten Stellen geküsst und gestreichelt zu werden, zwischen den Schulterblättern, auf das Handgelenk, die Knöchel oder die Kniekehlen. Eine anschließende Öl-Massage, ohne dass sie ihm bedeutungsvoll die Flasche in die Hand drückt. Ein Cunnilingus ohne Raum und Zeit. Ein leicht ehrfürchtiges, begeistertes Staunen in der Stimme beim Lobpreisen ihrer schönsten Vorzüge (dezent bleiben! Wenn ihr das deklamiert wie GZSZ, glaubt sie es nicht mehr). Kerzenlicht und eine passende CD im Player, ohne dass sie sich vorher darum kümmern muss. Und am besten natürlich alles zusammen. Denn in dem Punkt sind Frauen wie Kleopatra: Wir wollen nicht nur Marc Anton. Wir wollen das gesamte Römische Reich. Mit allen seinen Sklaven!

Kakerlaken und Dosenmilch

Was kommt raus, wenn man eine Jumbotüte
Erdnussflips, eine DVD und eine schwielige
Hand zusammennimmt? Richtig. Ein Por-
noabend im heimischen Wohnzimmer. Ein
einsamer allerdings, denn die dazugebetene
Frau hat nicht nur keine Lust auf den Film,
sondern weigert sich meist auch noch, ihn
gemeinsam auszuleihen. In die Videothek
schleppen lässt sie sich. Aber dann sieht *sie*
sich doch lieber die Neuheiten bei den
Schnulzen und Zeichentrickfilmen an, während *er* verwegen im Erwachsenenkabuff
verschwindet, wo Gleichgesinnte mit wattier-
ten Michelinmännchen-Jacken ihre Runden
ziehen, als wollten sie wie der bleiche Typ in
der Sesamstraße ein E oder ein Q verkaufen.
Pssst! Dabei kann man, nur mal so als Amu-
sement-Tipp für die Spaßigen unter uns, als
Frau den Laden in Sekundenschnelle aufmi-
schen, indem man den Liebsten in das Er-

54

wachsenen-Sortiment begleitet und dort beginnt, die Titel der Filme vor sich hin zu murmeln. Auch plötzliches lautes Lachen sorgt für ungeahnte Irritation, ebenso wie die laut über die im Kreis Schleichenden hinweg gerufene Frage: »Schatzi, hatten wir *Rammelnde Eber, verfickte Säue* schon mal?« Ganz Mutige können sich auch an einen Schleicher heranpirschen, ihn von hinten mit einem kreischigen »Was? Das wollen Sie ausleihen?« erschrecken, auf die DVD-Hülle tippen, die er gerade in der Hand hält, und ihn in ein Gespräch verwickeln. »Warum haben Sie sich für diesen Film entschieden?« »Onanieren Sie dazu?« »Sehen Sie Ihre Frau an, wenn Sie mit ihr Sex vor dem Fernseher haben, oder die Darstellerin?« »Wissen Sie eigentlich, was eine unbekannte Pornomaid verdient?« Schön ist es auch, in diesem Rahmen Fachwissen über Brustvergrößerungen und die sichtbaren Narben bei amerikanischen Pornostars zu erörtern oder die Legende zu verbreiten, den männlichen Akteuren würde Dosenmilch unter die Vorhaut gespritzt, damit das Sperma in Strömen fließt.

Was mich persönlich immer tödlich nervt, wenn ich durch die Erwachsenen-Sektion schlendere, ist, dass die Filme nicht nach Praktiken sortiert sind. Ist das denn so schwierig? Bei den anderen Abteilungen ist es doch auch kein Problem, die Märchenfilme von den Kung-Fu-Streifen und die wieder von den Komödien zu unterscheiden. Warum geht das bei Pornos nicht? Ich wünschte, die Hersteller würden die gezeigten Praktiken auf der Hülle auflisten, statt die ewig gleichen Bilder von aufgerissenen Mündern und melonengroßen Brüsten zu zeigen: »Der Probewichser empfiehlt. Ein Porno dieser Marke enthält drei A-tergo-Szenen, zwei Cunnilingus, vier Fellatio, einmal lesbisch, drei Dildos, zwei Dreier, einmal Analpetting, einmal Pinkeln, vier Moneyshots.« Während ich durchaus gerne schönen, nicht zu aufgebrezelten und möglichst chirurgisch unangetasteten Mädchen beim Fingern und Lecken zusehe und auch sicher nicht abschalte, wenn gut gelaunte Akteure beim Rudelbums übereinander turnen, so bin ich doch wirklich nicht scharf darauf, auf Schwangere pinkelnde

56

Männer in Windeln zu beobachten. Und auch als Nachttopf benutzte und zum Paket verschnürte Sklavinnen brauche ich nicht zum abendlichen Vergnügen. Dass ich so etwas immer zwingend mit ansehen muss, wenn ich mir sympathische, fickende Menschen ausleihen möchte, finde ich nur furchtbar. Allerdings haben sämtliche Anregungen bei dem Menschen an der Ausleihe nichts gebracht. Ist eigentlich schon mal jemandem aufgefallen, dass die Kassierer einer Porno-Videothek immer aussehen wie diese Riesenkakerlake in dem Mobilfunkspot? Nur dass er nicht tanzt. Bewegen ist überhaupt nicht sein Ding, aber Mimik, Proportionen, Ausstrahlungen: exakt Kakerlake.

Mädels, lasst euch das alles nicht entgehen. Das Aussuchen des Films ist um vieles witziger als der Streifen selbst, dessen Humor sich meist auf dem Niveau von Musikantenstadl-Scherzen abspielt.

Den richtig guten, geilen Porno mit attraktiven, lebensnahen Menschen, glaubwürdigen Dialogen und scharfen Sexszenen suche ich schon lange. Die meisten sind einfach grauenhaft. Als wären sie therapeutisches Material, um sich das Ficken möglichst effektiv abzugewöhnen. Ist es denn so schwer, einen Film zu drehen, in dem die Darstellerinnen nicht aussehen wie geisteskranke Aliens? In dem die Männer gepflegt sind und nicht so wirken, als stünde ein Wärter hinter ihnen, der sie nach dem Dreh zurück in den Zoo bringt? Was wäre das schön: ein Porno mit ansprechender Location, gutem Licht, guten Dialogen. Ein Porno, in dem die Schwänze wirklich hart sind und die Muschis feucht. Frauen, die nicht an ihren Nippeln herumreißen, und Männer, die sie nicht an den Haaren ziehen. Keine Highheels im Bett und keine Pickel im rasierten Intimbereich. Finger, die da rubbeln, wo die Klitoris sich tatsächlich befindet. Ein Porno, in dem glaubhaft gestöhnt wird, nämlich nur dann, wenn auch etwas Scharfes passiert. In dem die Nahaufnahmen von labberigen Dödeln, die wie Presswurst in trockene Mösen gestopft werden, nicht nach moderner Kunst aussehen. In dem die Sexszenen nicht so qualvoll lang sind, sondern realistisch. Und bitte bitte, liebe

Drehbuchautoren, falls es euch gibt (denn ich bezweifle das ja): Bitte lasst die Mädels doch Orgasmen haben! Ist ganz einfach. Jede Hausfrau aus Mecklenburg-Vorpommern kann das faken. Aber wir möchten das sehen! Und wir möchten nicht Ströme von Sperma über Mündern und Gesichtern bewundern. Wir wissen, dass potente Männer ejakulieren *können* und das sollen sie ja auch in Frieden tun, aber bitte nicht immer in unsere Gesichter! Falls, und das ist jetzt ein ganz privater, verzweifelter Aufruf an die ganze Nation da draußen, falls also jemand von euch so einen Film kennt: Mailt! mich! an!

Nichts zu meckern!

Ich wusste, dass in dieser Welt etwas richtig schief läuft, als ich Johannes B. Kerner in seiner Talkshow ein Gerät vorführen sah, das den Orgasmus-Schwierigkeiten von Frauen auf den Grund gehen soll. Milde süffisant lächelnd stand er an einer Apparatur, die aussah wie eine Mischung aus Hightech-Heckenschere und Flipperautomat und ließ sich von einem ebenfalls etwas süffisant lächelnden Arzt erklären, wie man den dildoartigen Fortsatz in die Patientin einführen könne, um dann auf dem Bildschirm ihre inwendigen Muskelaktivitäten nachzumessen. Also wenn ich es unter der Aufsicht eines Arztes mit einem Flipperautomaten treiben muss, geht mir auch keiner ab. Was mich an dieser Vorführung so in Rage brachte, war aber weniger die Tatsache, dass es eine Medizin für Frauen mit Orgasmusproblemen gibt (das ist sicherlich gut und hilfreich). Richtig ätzend fand ich

60

die Art, wie die beiden angegrauten Herren über diese Frauen redeten. Und völlig unerträglich wurde das Ganze durch eine esoterisch daherorakelnde Beziehungs-Autorin, die die üblichen Plattitüden von sich gab à la wie geheimnisvoll das weibliche Empfinden doch sei und dass Orgasmen beim Miteinander gar keine so große Rolle spielten. Spätestens an dieser Stelle war mir klar: Es ist an der Zeit, einmal ein paar grundlegende Dinge zu sagen. Erstens: Beziehungs-Autorinnen und Sex-Autorinnen sind keine Kolleginnen. Die einen schreiben über das, was Spaß macht und wie es Spaß macht. Die anderen schreiben über Probleme und wie man am problematischsten Probleme problematisiert. Zweitens: Ein Moderator, dessen erotischstes Kapital seine Hockey spielende Gattin ist, sollte nicht darüber philosophieren, was sich in Vaginen abspielt. Und drittens: Ein weiblicher Orgasmus ist nicht an sich ein Problem! Die Frau ist kein behindertes Mangelwesen, das ständiger Betreuung und Korrektur bedarf! Ich hasse es, wenn Frauen als verunglückte Männer dargestellt werden, deren

Orgasmus ein größeres Krisengebiet ist als der Nahost-Konflikt. Ein für alle Mal: Sex ohne Orgasmus ist für Frauen genauso wie Sex ohne Orgasmus für Männer. Bestenfalls nett gemeint und kuschelig. Keinesfalls geil. Keinesfalls befriedigend. Keinesfalls ausreichend. Eine Frau, die euch erzählt, es käme ihr nicht so sehr auf Orgasmen an, meint damit in Wirklichkeit: »Ich glaube nicht, dass du es jemals bringen wirst, aber weil ich dich mag und nicht will, dass du am Leben verzweifelst, stelle ich meine Bedürfnisse zurück.« Ein tolles Konzept, wenn man Mutter Theresa II. werden will. Orgasmen sind für uns Frauen keine Nebensache. Unsere dauern länger als eure, und wir können mehrere nacheinander haben. Dabei hat sich die Natur doch was gedacht.

Natürlich gibt es Frauen, die organische oder psychische Schwierigkeiten beim Sex haben, genauso wie es impotente Männer gibt. Wenn eine Frau etwas Demütigendes erlebt hat, wenn sie abgelenkt ist, weil nebenan das Kind schreit, die Schwiegermutter stirbt oder der Postbote klingelt, wenn man sich gerade gestritten hat oder die Stimmung unfreundlich und rücksichtslos ist, wenn sie sich in jemand anderen verliebt hat oder nach einer Geburt oder Operation mit körperlichen Beschwerden kämpft, dann ist das etwas anderes. Aber eine körperlich und psychisch gesunde, gut gelaunte, erregte Frau hat keine Orgasmusprobleme. Es sei denn: Der sie begattende Mann stellt sich linkischer an als der Bärenmarken-Bär. Alles andere ist patriarchalischer Bullshit, der verbreitet wird, um Frauen einzureden, sie seien sexuell minderwertig und behandlungsbedürftig. Allerdings sind wir Frauen an dieser Behindertenpolitik nicht ganz unschuldig. Solange wir verbreiten, dass Kuscheln viel wichtiger ist als Orgasmen, und vor allem solange wir im Bett lügen, uns winden und stöhnen, als läge Keanu Reeves persönlich auf uns, wird sich an all dem nichts ändern. Deshalb gibt es zwei Dinge, die Mädels tun sollten: Erstens masturbieren, als wollten sie demnächst den Porno-Oscar bekommen. Denn nur wenn sie selbst ihre beste Befriedigerin sind, können sie auch ihre Männer zu solchen ausbilden.

Und zweitens: nie wieder im Bett lügen. Es hat einen Grund, wenn Frauen nicht kommen, und der liegt nicht im großen kosmischen Mysterium verborgen, gleich neben dem Heiligen Gral, den auch nie einer findet, sondern der Grund liegt neben ihnen im Bett, ist einsachtzig groß und hat die Feinmotorik eines Berggorillas. Man stelle sich bitte mal vor: Auf Grund irgendwelcher gesellschaftlicher Entwicklungen würde man heute unter »richtigem« Sex ausschließlich Folgendes verstehen: Cunnilingus und anschließendes Verbringen des Spermas mit dem Mittelfinger in die Möse. Alles andere wie z. B. Vögeln oder Blasen ist nur weibliche Gnädigkeit. Wie viele Männer hätten da Orgasmusprobleme und würden ihr Schicksal bei Johannes B. Kerner beweinen, flankiert von süffisant lächelnden Frauen, die sich alle fragen, was die Männer eigentlich wollen? Sicherlich gibt es Männer, die es so derartig anturnt, eine Muschi zu lecken, dass sie dabei abspritzen. Ein Großteil wird dabei allerdings nicht kommen. Weil diese Art von Sex für ihren Orgasmus nicht förderlich ist. Und zweiminütiges, halbtrockenes Herumrutschen auf uns ist unserem Orgasmus nicht förderlich. Es gibt keinen richtigen und falschen Sex, aber es gibt männlichen und weiblichen. Und gut ist er immer dann, wenn er für beide gut ist.

Denn ein guter Orgasmus ist einfach etwas Schönes: Es beginnt mit einem Kribbeln oben an den Schamlippen, als würde sich jedes Härchen einzeln aufstellen. In dieser Phase gibt es nur eins: knutschen. Zunge und Klitoris haben ungefähr die gleiche Form, auch dabei hat sich die Natur was gedacht. Sie sprechen miteinander. Die einzelnen Körperteile einer Frau sind untereinander vernetzt. Deshalb können wir im Gegensatz zu Männern viele Dinge gleichzeitig tun, und deshalb kribbelt es so schön in der Möse, wenn wir küssen oder über unsere Brustwarzen gehaucht wird. Streicht man ganz vorsichtig über diese Härchen, ist das schon mal ein guter Anfang. Tiefer innen fängt es dann an zu klopfen und anzuschwellen. Diese Empfindung wird immer intensiver, und ich kann fühlen, wie ich feucht werde. Auf dieser glit-

schigen Nässe kann man dann mit dem Finger
tiefer in die Möse hineinrutschen und sich
dem Kitzler widmen. Der mag es nicht zu fest
und nicht zu hektisch, und nach anfängli-
chem Spielen schließlich sehr rhythmisch und
vor allem gleichmäßig. Man muss eine Frau
spielen wie ein Instrument. Die Spannung
zieht sich aus der Möse bis zum Bauchnabel
hoch, wird fest wie ein stramm gezogenes
Gummiband. Und wenn es losschnellt, brei-
tet sich eine Wärme mit großer Kraft durch
den ganzen Bauch und Unterleib aus. Nach
langen Sekunden ebbt sie ab, und mit einem
großen inneren Lächeln kommt die immer
wieder überraschende Erkenntnis: Jetzt
gerade gibt es überhaupt gar nichts zu
meckern. Und das ist vielleicht das größte
Geheimnis.

Von Jägern, Swingern
und kleinen Knöpfchen

Der Mann an sich ist ein Jäger. Er schultert seine Keule und macht sich auf den Weg durch die Wildnis, wo eiweißreiche, fettige Dino-Steaks auf ihn warten und – was noch viel wichtiger ist – neue unbekannte Weibchen, die exotisch nach Iltis riechen und nicht nach Hyäne wie die Weibchen in der heimischen Höhle. Der Jäger jagt, er wildert, und das alles nur, um sich möglichst flächendeckend über die Steppe zu versamen. Die Frau hingegen ist eine Sammlerin, und Beeren wachsen immer am gleichen Strauch, sie kann also zu Hause in der kuscheligen Höhle bleiben, sich ein Eichelkäffchen kochen und ihre Liebsten lausen.

Daran, so behaupten Frauenzeitschriften wie Wissenschaft, hat sich bis heute nichts geändert: Männer wollen viel schnellen Sex ohne Bindung, und Frauen lieben es romantisch und emotional.

Das ist Mammut-Bullshit. Die Wahrheit sieht ganz anders aus.

Tatsächlich haben rattige, heiße Mädels nur sehr viel weniger Gelegenheit zu ungebundenem, rein körperlichem Sex. In einer Beziehung, ja, so modern sind wir heute, da darf frau durchaus Spaß an den ehelichen Pflichten haben und auch mal als Erste das Bärenfell lupfen, aber wenn sie einfach nur ficken will – nicht weil der Mann faszinierend, intelligent und humorvoll ist, sondern weil er einen geilen Hintern hat und das Piercing an seinen Brustwarzen so verführerisch blinkt –, dann wird es eng für die moderne Amazone. Klar kann sie rausgehen und in Clubs, Discos oder Bars jagen, aber so einfach wie für Männer ist es nicht. Da habt ihr uns echt etwas voraus.

Denn weiß ich, ob der charmant lächelnde, grauäugige Schnuckel an der Bar nicht in Wirklichkeit ein perverser Schlitzer ist, der mehr Interesse an meiner medium gegrillten Niere hat als an meinen erogenen Zonen? Weiß ich, ob aus dem scherzhaft abgesprochenen Menu Französisch-A-tergo-Ölmassage nicht doch eine Dreiminuten-Besteigung wird oder eine peitschenschwingende Natursektnummer?

Wie also bekommt frau den Sex, den sie haben will, ohne anschließend den Mann, der dazugehört, als emotionalen Pflegefall am Hals zu haben?

Eine Möglichkeit wäre natürlich ein Callboy. Aber machen wir uns nichts vor. Richard Gere als Luxusgigolo in *Ein Mann für gewisse Stunden* ist schon eher eine Ausnahme. Wer diesen Job macht, ist aus welchen Gründen auch immer unfähig für einen anderen. Auf dem Foto im Katalog sah der bestellte Stecher ja vielleicht noch ganz nett aus, aber wenn er dann vor einem steht, ist er behaart wie ein Gorilla und müffelt, als hätte er in Brontosaurierblut gebadet.

Eine sehr angenehme und sichere Alternative ist dagegen der berühmte Fickfreund. Er stellt keine Ansprüche und hat an einer Beziehung kein Interesse. Er verlangt keine Glückwunschkarte zum Geburtstag und ruft abends nicht an und sagt schleimige Sachen wie »leg du zuerst auf«. Man trifft sich alle paar Monate, geht nett einen trinken und anschließend in die Kiste. Leider verliebt sich irgendwann doch einer von beiden, und dann geht das Elend los. Außerdem muss man ja auch vor einem Freund irgendwie das Gesicht wahren, selbst wenn man gerade in Straps-Corsage vor ihm im Kopfstand an der Wand steht und »fick mich du Tier« schreit.

Was mache ich also, wenn ich mal etwas möchte, von dem ich mir nicht sicher bin, ob der gute alte Fickfreund dafür auch Verständnis hat?

Dieses Problem erübrigt sich in Swingerclubs, schließlich wollen alle, die da sind, besseren oder anderen Sex als zu Hause. Als alleinvögelnde Dame ist man in Clubs sehr beliebt, denn der Männerüberschuss ist oft gewaltig. Leider sind ebenso oft die vegetarischen Frühlingsröllchen am Buffet wesentlich erotischer als die anwesenden Swinger. In Tigerslip und Socken stehen sie an der Bar, heißen Heinz oder Rüdiger und versuchen möglichst lässig auszusehen, während ihre Gattinnen auf Barhockern sitzend den Bauch unterm Kaufhausmieder einziehen und ver-

suchen, möglichst verwegen auszusehen.
Wenn der Abend spät wird und die Pärchen
an der Bar zunehmend verzweifelt, beginnt
das große Resteficken. Da nimmt man dann
auch den Proll mit dem Seehundschnauzer
und die leicht dellige Rückseite der viel zu
laut lachenden Brigitte aus Oer-Erkenschwick. Zumindest ist ein Swingerclub ein
geschützter Bereich. Die Gefahr, zu irgendetwas gezwungen zu werden, ist nachts in jeder kleinstädtischen Fußgängerzone größer.
Was mich an diesen Unternehmen nur so
abschreckt, ist das Knösige, Provinzielle. Ich
hasse Fototapeten schon beim normalen
Wohnen. Und auch wenn ich davor mit Dieter aus Bottrop im Whirlpool sitze und über
die besten Techniken, eine Muschi zu lecken,
diskutiere, erotisiert mich der weichgezeichnete Sonnenuntergang nicht wirklich. Und
diese Spielwiesen: plüschbezogene, kreisch-
bunte Höhlen, Schaukeln und Kämmerchen.
Wie ein obszönes Kinderparadies im Möbel-
haus oder wie diese Erlebnisrutschen vor
Fastfoodketten. »McFick hallo? Wünschen
Sie Ihren Bums mit Spanner oder ohne?«

Aus der Not geboren, heiß und feucht und kein ordentlicher Kerl in Sicht, die Batterien im Vibrator altersschwach, und zu spät, um noch mal loszuziehen, mache ich mir Gedanken, was eigentlich die eierlegende Wollmilchsau für sachlichen Sex wäre. Und ich denke an meine Freundinnen, die ihre spärliche Freizeit regelmäßig in Kosmetik, Pediküre, Shiatsu-Massage oder Einzelyoga investieren, um später beseelt lächelnd in ihr trautes Heim zurückzukehren. Was für Männer seit Jahrhunderten der Puff ist, ist für Frauen der Wellness-Bereich. Man wird in sauberem, nettem Ambiente nach genau abgesprochenen Grenzen zielsicher und professionell angefasst. Das hat mit Muskelverspannung eigentlich nichts zu tun, das ist Sex. Man liegt da, muss sich weder um die Bedürfnisse des anderen kümmern, noch darum, ob er meine Oberschenkel attraktiv findet, denn er wird dafür bezahlt, nett und effektiv zu sein. Wenn man das weiter ausspinnt, liegt die Lösung eigentlich auf der Hand: ein Frauenbordell. Keins mit »Hey Süße, magste mal meinen kleinen Willy sehen?«, keins mit Bar und schmierigen Jacuzzis, sondern eine luxuriöse Wellness-Oase der feinsten Art. Entspannungsmassagen bei gedimmtem Licht, mit kostbaren Ölen und warmen Händen, mit Dildos und Federbüscheln und allem was Spaß macht, und irgendwo an der Liege ein kleines Knöpfchen, das man drücken kann, wenn der Masseur seinen Job diesmal mit einem wundersamen Klitoris-Shiatsu zu Ende bringen soll. Anschließend wirft man an der Kasse ein Trinkgeld in ein kleines Porzellanschwein und hat gut gefickt den ganzen Tag wunderbare Laune.

Echte Männer braucht das Land

Wir alle kennen diese Szene: Wir sitzen im Café gegenüber der Männertoilette. Die Tür geht auf, und mit einer Wolke Eau d'Urinal kommt er heraus, der Mann. Er zieht den Reißverschluss hoch und greift sich dann herzhaft in den Schritt. Gott sei Dank, alles noch da. Patrouille an Mutterschiff: USS Schniedel und zwei Rettungskapseln gefunden, Gemächt bereit zum Vollzug. Ein echter Mann. Denkt er. Und denkt weiter, dass Frauen echte Männer wollen. Und so ist es auch. Nur leider verstehen Männer unter einem echten Mann etwas ganz anderes als wir. Das ist wie beim Tanzen: Wer zu viel darüber nachdenkt, stolpert. Ein Mann, der ständig überlegt, ob das, was er will oder tut, wohl auch wirklich männlich ist, sollte sich einer Selbsthilfegruppe anschließen, in der er »tschaka« schreit und sich dabei an einem Seil in die nächste Schlucht stürzt, aber nicht in mein Schlafzimmer. Überlegungen, wer das größte Auto hat, den härtesten Waschbrettbauch oder die meisten Kerben im Colt, gehören eindeutig in den Kindergarten. Leider hört die Sozialisation mancher Männer auch genau dort auf. Die, die unbedingt ein echter Kerl sein wollen, sind auf dem Entwicklungsniveau eines Rotzlöffels stehen geblieben. Dabei wollen Frauen gar keine Männer, die sich wie Conan der Barbar durchs Leben metzeln. Wir wollen einfach Männer, mit denen man leben, lachen, vögeln kann. Und zwar so, dass es gut ist, sei es nun männlich oder nicht. Frauen mögen Männer, die handeln und die sich dem Leben stellen und die nicht weghuschen wie Kakerlaken, wenn das Licht angeht, nur weil sich ein Konflikt anbahnt. Ein echter Mann ist neugierig, er lässt sich ein, er probiert was aus. Er weiß, dass oben *und* unten liegen Vorteile hat. In Missionarsstellung vögelnd bestimmt man das Tempo, aber sich reiten lassend schwingen die Dutteln über einem, das ist ja auch nicht ohne.

Ein echter Mann jammert im Bett nicht rum oder wird aggressiv, nur weil er heute keinen hochkriegt oder bei der Orgasmus-Olympiade wieder mal Erster war. Frauen freuen sich nach einem abgebrochenen Fick immer über ein gut gelecktes Finale. Auch ihren kleinen besten vibrierenden Freund aus Gummi darf er gerne mit ins Bett holen, und geschickte Finger sind nicht nur beim Zusammenschrauben eines Radios von Vorteil. Wenn er es timen kann, ist es überaus höflich, der Dame beim finalen Brunftschrei den Vortritt zu lassen. Das ist aus verschiedenen Gründen nett: Erstens ist er so sicher, dass es ihr wirklich gekommen ist, und nur dann wird sie anschließend verzückt in den Laken liegen und die Dinge sagen, die er so gerne hören möchte: »Du bist der Beste, den ich je hatte« usw. Zweitens ist es für uns schön, wenn ihr während und kurz nach unserem Höhepunkt noch ein bisschen weiterstoßt. Und drittens bekommen wir so auch euren Orgasmus bei vollem Bewusstsein mit, und auch das ist geil und gut.

Echte Männer werden nicht laut, es sei denn, sie brüllen bei der Fellatio vor Ekstase, oder jemand hat gerade einen Amboss auf ihren Fuß fallen lassen. Ein echter Mann behandelt niemanden mit Herablassung. Den Kellner nicht. Den dicklichen, verschüchterten Nerd nicht, mit dem er früher in der Schule war, und auch keine Frauen. Er hat Tischmanieren wie der kleine Lord, am besten auch dessen Bildung, aber er protzt nicht. Echte Männer reden. Und noch viel wichtiger: Sie sagen auch etwas dabei. Nichts turnt Frauen so ab wie Schwätzer. Gehälter, die er mal beziehen wird, Karrieren, die er mal machen wird, oder ganz allgemein die Frage, wieso er der großartigste, beste, wunderbarste Typ in Town ist, interessieren niemanden. Bei einem Truthahnweibchen mag die geschwellte Brust zum Paarungsritual gehören, bei Frauen bringt es das nicht, wenn unter der Krawatte der Latz schwillt. Wenn echte Männer reden, reden sie auch mal über sich, und zwar ehrlich und nicht so, als wollten sie uns ein schrottreifes Auto andrehen. Männer mag das ja überraschen, aber eine interessierte Frau interessiert tatsächlich, was in dem Mann vorgeht, was er fühlt, was er denkt, was ihn bewegt.

Coolness ist jenseits der Pubertät der Liebestöter Nummer eins. Wenn ein Mann aufgeregt ist vor dem ersten Sex mit der neuen Freundin, dann ist das nur für seine Kegelrunde armselig, Frauen finden das niedlich. Auch dieses Zuckerbrot-Peitschen-System mit Anrufverweigerung und betontem Desinteresse, wenn sie es dann tut, ist nur albern. Frauen wollen wissen, wenn sie begehrt werden und wieso sie begehrt werden. Die beste Anmache meines Lebens war ein Typ, der mir das Gefühl vermittelte, er könnte es keinen Moment länger aushalten, wenn er nicht mit mir ins Bett dürfte.

Und immer wieder der Klassiker: Echte Männer pflegen sich mehr als ihr Auto. Bei uns in der Schule gab es einen Jungen, den alle »Specki« nannten, weil er im Gesicht glänzte, als hätte er sich gerade mit einer Schwarte eingerieben. Eigentlich mochte ich Specki, aber bei aller Sympathie war mir damals schon unklar, warum er nicht das Make-up-Schwämmchen seiner Schwester nahm und sich diesen schwitzigen Schmalzlook wegpuderte. Auch wenn es immer noch nicht bei allen Männern angekommen ist: Onanieren macht nicht blind, und waschen, fönen, pflegen macht nicht schwul. Ich sage ja nicht, dass man(n) aussehen soll wie Thomas Anders als Drag Queen, aber die Sache ist doch so: Kein Mann muss heute mehr zwei Schuhputzbürsten als Augenbrauen im Gesicht tragen. Es darf rasiert werden. Schweißgeruch und rissige Fingernägel sagen heute nicht »Frau, sieh, ich hab unseren Acker eigenhändig umgegraben«, sondern nur, dass der Besitzer nicht in der Lage ist, das Branchenbuch nach einer Kosmetikerin zu durchforsten. Schuppige Haut, Pickel oder gelbe Zähne zeigen mitnichten Charakter, sondern Realitätsverlust. Es ist nicht sexy, uns mit blond umwimperten Schweinsaugen anzublinzeln, nur weil Wimpernfärben angeblich tuntig ist. Also lautet die Devise: cremen, zupfen, bleichen und parfümieren. Denn was bekommen leckere Männer für all die Mühen? Uns!

Nacktmulle und jubelnde
Engels-Chöre

Pausenlos bekomme ich Mails von diversen
»Kliniken«, die mir anbieten, mir meinen Penis auf exorbitante Hengst-Maße verlängern
zu lassen. Dass ich gar keinen habe, interessiert diese nervtötenden Spam-Verschicker,
die man öffentlich mit faulen Eiern, Schlach-
tereiabfällen und gebrauchten Kondomen
überschütten sollte, überhaupt nicht. Aber
mich interessiert schon seit langem die mani-
sche Beschäftigung von Männern mit ihrem
besten Stück. Also wird es Zeit, mal ein offe-
nes Wort über Penisse zu sprechen. Gleich
vorweg, damit ihr euch entspannen könnt:
Die Zentimeter sind beim Liebesdienst tatsächlich nicht entscheidend. Ist er schlaff, ist
er für Frauen sowieso eher zoologisch spannend. So wie ein exotisches Haustier. Frauen
wissen meistens sehr wenig über Penisse (der
weibliche Körper liegt uns einfach näher, und

es gibt so wahnsinnig viel über ihn zu lernen), und wir starren Männern auch nicht ständig in den Schritt, um keine Sekunde einer möglichen Spontanerektion zu verpassen, die wir ohnehin nicht immer als solche erkennen. Immerhin, die statistischen Fakten kennen wir: Unerigiert ist der Penis durchschnittlich sieben bis zehn cm lang. Hart bringt er es auf zwölf bis 18 cm. Seit Charlotte Roches Kabarettprogramm *Penis-Verletzungen bei Masturbation mit Staubsaugern* wissen wir nun auch, was mann alles mit diesem Freudenspender anfangen kann und wo man ihn besser nicht hineinsteckt. Auch die Boys der Show *Puppetry of the Penis*, die ihre Geschlechtsteile zu lustigen Dingen verknoten, haben unseren Horizont sicherlich erweitert. Trotzdem kann frau sich überhaupt nicht vorstellen, wie es sein muss, mit einem Gehänge aus zylinderförmigem Schwellkörpergewebe und schrumpfköpfigen Samenbehältnissen in Truthahnhaut herumzulaufen. Und dann befindet sich das Gemächt auch noch an so einer unpraktischen Stelle. Mir ist bis heute nicht klar, wo Männer das alles in engen Jeans unterbringen. Sitzt man nicht die ganze Zeit darauf? Klemmt man sich nicht ständig Schamhaare oder Vorhaut im Reißverschluss ein? Zum Ausgleich ist aber bei euch der Zugriff leichter. Bis man in einem erregten Moment die Klitoris erreicht hat, dauert es. Während des Autofahrens zu masturbieren, ist echt schwierig, und den Beifahrer zu Oralsex aufzufordern, geradezu aussichtslos. Da seid ihr uns überlegen. An einen Penis kommt man einfach jederzeit ran, ohne orthopädische Spätfolgen befürchten zu müssen. Dafür sieht man ihn und seine diversen Zustände aber auch direkt, wobei wir wieder beim Thema wären. Dass die Länge eine eher untergeordnete Rolle spielt, heißt nämlich nicht, dass Frauen nicht eine sehr genaue Vorstellung davon hätten, wie so ein Penis aussehen soll. Es wäre schon schön, wenn er länger wäre als der Sack, der dahinter hängt. Man will ja gefickt werden und nicht verkorkt. Ich persönlich schätze es auch, wenn er nicht tannenzapfenförmig ist, was immer so aussieht, als hätte er versucht, eine große Murmel aufzusaugen. Neulich stelltc ich fest, dass ich mich an den Penis des Mannes, den ich eigentlich für meine Frauwerdung vorgesehen hatte, überhaupt nicht mehr erinnern kann. Keine Ahnung, ob ich Waldi im Bett hatte oder Godzilla, Cornichon oder Riesenzucchini. Ich weiß nur noch, dass er den verhängnisvollen Satz hauchte »Spürst du meinen Kleinen?« und sich damit schon frühzeitig als Jungfernbeschäler disqualifizierte.

Die Beziehung zwischen Männern und Frauen ist ja nicht immer ganz einfach, aber die zwischen Frau und Penis schon. Merke: Ist er gewaschen, frisiert und steht gesund, freut sich die Frau und auch ihr Mund.

Das Gewölle drumherum gehört natürlich mindestens gestutzt. Wenn ihr Oralsex wollt, schlagt uns eine Schneide in den Busch. Ich bin nicht Indiana Jones und habe selten eine Machete im Bett dabei. Und spätestens, wenn man bis zum Nasenrücken in borstiges Schamhaar gehüllt ist, als hätte man gerade in einen Grizzly gebissen, stellt man fest, dass all die Blas-it-yourself-Kurse im heimischen Jungmädchenzimmer, in denen wir an Ed-

von-Schleck und dem Flutschfinger das sach-
gerechte Saugen übten, mit der Realität gar
nichts zu tun hatten.

Der Penis an sich ist ein lustiges Körperteil. Ich liege ja immer wieder gern mit dem
Kopf auf dem Bauch oder Oberschenkel
eines Mannes und sehe mir an, wie der Penis
zuckt und mich alienartig anguckt. Und dass
er das Köpfchen hebt, wenn frau darauf
tippt, ist einfach zu nett. Unglaublich, wie
verschieden er aussehen kann. Seine optische
Spannbreite reicht vom verschrumpelten
Nacktmull bis zur harten Riesenbifi. Mal
fasst er sich an wie ein warmer Radiergummi
und dann wieder wie eine ausgezuzelte
Weißwurst. Auch Länge, Dicke und Farbe
variieren. Undenkbar für eine Frau, dass zum
Beispiel ihre Brüste mal faltig violett hängen
und im nächsten Moment prall und rosig
dutteln.

Sicher ist der Penis wunderbar, großartig
und wichtig. Aber er ist nicht das einzige
Gesprächsthema auf der Welt. Das Internet
offenbart den männlichen Narzissmus: Goo-
gelt man den Begriff »Penis« nur in deutsch-

sprachigen Dokumenten, erhält man 2.850.000 Einträge. Das Wort »Klitoris« bringt es dagegen nur auf 1.380.000 Fundstellen. Dabei ist die Klitoris das wesentlich kompliziertere Organ (auch wenn sie an einer eher blöden Stelle sitzt. Zweieinhalb Zentimeter tiefer, direkt am Möseneingang, wäre ein wesentlich besserer Ort, dahin sollten wir Frauen in den nächsten Jahrtausenden dringend mutieren). Erst vor relativ kurzer Zeit hat man zum Beispiel entdeckt, dass der wundersame Lustknubbel nur die Spitze eines sehr viel größeren Organs ist. Insgesamt, also sichtbar und vor allem inwendig, bringt es eine Klitoris auf stattliche neun Zentimeter. Und sie ist leistungsfähig wie ein Duracell-Häschen. Während der Penis nach einer Ejakulation erst mal in den Seilen hängt und wie erschossen auf dem Körper seines Trägers vor sich hin dämmert, muss sich eine Klitoris nach einem wundersam langen und intensiven Orgasmus nur ein bisschen beruhigen und zuckt schon wieder einsatzbereit. Es ist übrigens ein gutes Zeichen, wenn eine Frau nach dem Orgasmus eine ekstatisch weiterrubbelnde Männerhand erst mal wegschiebt oder bei Berührung in backfischähnliches Gekicher ausbricht. Hat sie sich dann ein bisschen erholt, und ist die Klitoris nicht mehr prall durchblutet, kann man durchaus in die zweite Runde gehen. Und die klappt besonders gut, wenn die zu erfreuende Möse mit einem neuen und etwas stärkeren Reiz überrascht wird. Also Blümchensex mit Petting in der ersten Runde, und Oralsex, Analmassage oder vibrierendes Spielzeug in der zweiten. Dann fühlt sich die umschmeichelte Klitoris wie bei weihnachtlichen Engelschören und jubelt und jubelt und jubelt. Und schließlich hebt vielleicht auch irgendwann der faltige, rosane Nacktmull wieder das Köpfchen.

Kontaktanzeigen

Es ist ein gutes Gefühl, ein Mann zu sein. Oder eine Blondine. Oder ein jungfräuliches lesbisches Zwillingspärchen. Meistens bin ich aber nur die nymphomane »Marcie«, wenn ich mich in den Erotik-Chatrooms des www rumtreibe, und im Gegensatz zum wahren Leben bin ich dort nicht sehr wählerisch. Auch als strenge »Herrin Godiva« an der Telefon-Flirtline habe ich schon amüsante Abende verbracht. Zu hören, wie Werner aus Bottrop die ersten stammelnden Gehversuche in Sachen Dirty Talk unternahm, hatte was. Und, zugegeben, es war nicht wirklich nett von mir, Rocco aus Chemnitz, der sich als »heißer Hengst« vorstellte und mich mit seiner Pferde-Metaphorik nervte (»Komm, du Dreiloch-Stute, wir suhlen uns im Stroh, ich klatsch dir auf die Flanken« ...), kurz vor dem Abspritzen etwas über Kastrationsmethoden bei Fohlen zu erzählen. Frauen sind eben nicht immer nett – aber letztendlich durch nichts zu ersetzen. Cybersex und Telefonflirts mögen ja das Safeste und Risikoärmste sein, das man so anstellen kann, aber wenn es wirklich ums Ficken geht, ist nichts besser als Fleisch. Und damit meine ich nicht das Stück zimmerwarme rohe Leber, das angeblich ein gutes Mösendouble beim Solosex abgeben soll. Ich bin ein großer Fan von flotten Fingern und einsamem Einsamen, aber es geht einfach nichts über reale Körper. Warme, duftende, schwitzende, weiche oder muskulöse fremde Körper. Und deshalb gehören die Kontaktanzeigen des Stadtmagazins zu meiner Lieblingslektüre am Samstagmorgen. Die Beziehungsannoncen machen mich eher traurig. Da berichten Neunzehnjährige von tiefen Enttäuschungen und gewagtem Neuanfang. Offensichtliche Michelinmännchen versuchen sich als »knuddelige Bären« anzupreisen, und der krampfhafte Humor mancher Gesuche wirkt so verzweifelt, dass ich am Ende der Anzeige eher die Nummer eines Spendenkontos erwarte als die der Chiffre. Ganz schlimm finde ich auch die großen Selbstüberschätzer. »Er, jung gebliebener Selfmademan Ende fünfzig mit Ecken und Kanten sucht attraktives, super-schlankes, süßes, zärtliches Mäuschen.« Da ist doch klar, dass das ein inkontinenter, pleite gegangener Greis ist, der eine arme Osteuro-päerin ködern will, damit sie ihm die durch-nässten Laken wendet. Sehr viel lustiger sind die Sex-Anzeigen. Manche Leute haben nicht nur Phantasien im Kopf, sondern ganze Drehbücher. Eine blonde Fay Wray wünscht sich drei gut gebaute schwarze Männer (Schwanzlänge exakt angegeben), die sie vor den Augen ihres gefesselten »Ehetrot-tels« nacheinander rannehmen, während sie gleichzeitig eben jenen Ehetrottel noch aufs Übelste beschimpfen. Auch asiatische Mäd-chen, die dem Anzeigenkunden ihre getra-genen Höschen mit ungewaschenen Füßen in den gierigen Schlund stopfen, sind hoch im Kurs. Ganz zu schweigen von dem heißen Uhura-Modell, die sich einen Klingonen in voller Montur zur Begattung ersehnt, der ihr die intergalaktischen Flausen mit seinem Laserschwert austreibt und sie in Sphären höchster Ekstasen beamt. Und dann doch wieder der Purist, der in seiner kostengünstigen Anzeige nur fragte: »Ficken? Tel ...«

Ein bisschen mehr möchte ich schon über den Inserenten erfahren. Und nicht aus allen Wolken fallen, wenn man denjenigen dann leibhaftig trifft. Klar, dass die »heiße Britney Spears« kein sexy Teenagerluder ist, sondern eine blondierte Vorstadtschabracke, das kann man sich schon denken. Und dass der Tantrameister aus Berlin-Kreuzberg wahrscheinlich ein ungewaschener, filzhaariger Schwafler ist, auch. Fünf Kilo und vier Jahre sollte man bei Frauen immer rauf und zehn Zentimeter Körperlänge und tausend Euro Nettoverdienst bei Männern runterrechnen. Aber selbst, wenn Text und Wirklichkeit einigermaßen übereinstimmen, hat so ein Kontakt-Anzeigendate noch seine Tücken. Dass man die Risiken, Perversen in die Hände zu fallen, minimiert, ist klar. Keine Festnetznummern, Adressen und Nachnamen rausgeben. Nie in privaten Wohnungen treffen. Nie ein Date vereinbaren, ohne jemandem Bescheid zu sagen und z. B. Kontrollanrufe zu verabreden. Immer an öffentlichen Orten treffen und das Hotel selbst bestimmen, wobei natürlich der Mann das Anmeldeformular ausfüllt, nicht ich. Und niemals nicht unter keinen Umständen Handschellen, verbundene Augen oder Ähnliches. Es gibt Dinge, die sollten längeren Beziehungen vorbehalten bleiben. Mein Anblick in Sportunterwäsche, der Kirschkuchen-Besuch bei Oma und Opa und S/M-Spielarten mit eingeschränkter Bewegungsfreiheit gehören dazu. Allerdings muss man ins Bett ja erst mal kommen, bevor man in feuchtere Gefilde vorstoßen kann. Liebe Männer, könnt ihr euch bitte abgewöhnen, den Satz »ich weiß einfach nicht, was Frauen erwarten« vor euch hin zu winseln? So kompliziert sind Frauen nicht. Was sie wollen, ist Interesse und Aufmerksamkeit. Deshalb: Seht ihr in die Augen, fragt nach, merkt euch, was sie sagt, lasst sie ausreden, reagiert darauf. Und spart euch bloß diese 08/15-Komplimente. Keine Frau mit hüftlangem blonden Wallehaar ist überrascht, wenn sie hört, dass sie schöne Haare hat. Also sagt ihr etwas, das sie nicht oft hört. Bei einer besonders attraktiven Frau bringt's ein Satz über ihre inneren Werte (Witz, Bildung, oder auch Stimme, Gang usw.). Bei einer eher unscheinbaren Intellektuellen kommt es dagegen gut, wenn man ihre Sinnlichkeit bemerkt. Sucht schöne Dinge abseits der Kompliment-Trampelpfade wie Augen, Brüste, Po. Besonders gut fühlt es sich an, wenn das kein pures Geseier ist, sondern so kommt, dass ich darauf reagieren kann, also nicht dieses »du bewegst dich aber sexy«, sondern »du bewegst dich so elegant, hast du mal Ballett getanzt?« Oder »deine Stimme macht mich ganz kribbelig, singst du vielleicht?« Auch bei Gesprächspausen ist es eine gute Idee, einfach zu sagen, was euch auffällt. Der schöne Ohrstecker, die Haarsträhne, die im Licht glänzt, das umwerfende Lächeln. Das, liebe Männer, nennt man Charme, und Frauen stehen darauf. Unnötig zu sagen, dass Kritik, möge sie auch noch so konstruktiv sein, beim Flirten nichts zu suchen hat. Wenn sie ein Wort falsch ausspricht, Neu Delhi nach Sri Lanka verlegt oder nicht weiß, was eine Consommé ist, ignoriert es. Wenn in dem Laden, in dem ihr sitzt, gerade der Miss-Wet-T-Shirt-Contest stattfindet: Seid blind für sämtliche Bewerberinnen. Eine Frau will das Gefühl haben, dass sie alleine von Interesse ist und sonst gar nichts. Behandelt andere Frauen in ihrer Gegenwart aber niemals herablassend oder unhöflich. Sprecht nicht gemein von eurer Exfreundin, lästert nicht über die Cellulitis des letzten Flirts, Frauen sind solidarischer, als ihr glaubt. Erzählt von euch, statt diese unsäglichen »Lieblings-Fragen« zu stellen (»Was ist dein Lieblingsfilm?« »Was ist deine Lieblingsjahreszeit?«). Ich sitze doch nicht beim Therapeuten, sondern bei einem Date. Die humorvolle Beschreibung der letzten Autopanne ist viel spannender, als einen Fragenkatalog abzuhandeln. Lasst euch auf kein Gespräch über Kalorien, Politik, Emanzipation, Religion oder eure Mutter ein. Und wenn ihr dann noch zum Nachtisch näher zusammenrückt und euch gegenseitig mit etwas Süßem füttert, ist die Nacht so gut wie geritzt. Denn nichts von all den schrägen Dingen, die im Chatroom besprochen oder an der Flirtline gesagt werden, ist so sexy wie ein witziger, charmanter realer Mensch mit einem warmen, duftenden Körper und einem Mund, der hinreißend sahnig nach Tiramisu schmeckt.

Ein bisserl bi schadet nie

Mein Erster hatte eine Knollennase, eine fetischistische Liebe zu Quietsche-Entchen und eine unglaublich nervige Lache. Ich fand seinen Geschmack bei der Wahl seines Schlafzimmerpartners indiskutabel, denn sein Auserwählter war eine eierköpfige Spaßbremse. Später hatte ich eher Mitleid mit dem Eierkopf. Aber meine Verwunderung über diese merkwürdige Lebensgemeinschaft hat sich bis heute erhalten. Ernie und Bert waren das erste schwule Paar, das ich kennen lernte, und hätte es später nicht »Will & Grace« gegeben mit diesem zum Sterben schönen, knackärschigen, immer gut angezogenen, unglaublich kultivierten Will, hätte ich wohl noch lange gedacht, Schwule trügen gestreifte Pyjamas und lösten nachts gemeinsam Zahlenrätsel.

Seitdem haben uns unendlich viele Serien, Kinofilme und Theaterstücke klarmachen wollen, dass Schwule die besseren Männer sind. Sie wissen, dass man sich einen Energizer ins Haar massiert und nicht auf Eis trinkt, sie schätzen Makosatin-Bettwäsche und schluchzen bei Filmen von Sofia Coppola lauter als wir selbst. Allerdings gibt es auch eine gute Nachricht, liebe Männer. Frauen wissen nämlich durchaus, welchen entscheidenden Makel schwule Männer haben: Sie wollen uns nicht.

Ihre Pupillen spielen nicht Pingpong, wenn unser Dekolletee entscheidende Einblicke gewährt. Sie rufen uns nicht mit dem Handy aus dem Fahrstuhl an, um uns zu sagen, dass sie gerade davon träumen, unsere Muschi zu lecken. Und sie küssen auch nicht diese kleine empfindliche Stelle hinter dem Ohr und flüstern, wie scharf wir sind. Klar träumen Frauen von Männern, die toll aussehen, sich toll anziehen und mit denen man sich toll unterhalten kann. Aber Sex wollen wir auch.

Keine, wirklich keine Frau sagt oder denkt Dinge wie »oh, Keanu Reeves ist wirklich süß, und wenn er schwul wäre, wäre er perfekt«. Deshalb ist es auch so überaus lächerlich, wenn ihr die Krise bekommt, sobald sich einer vom anderen Ufer nähert, als nähme er euch etwas weg, bzw. als wollte er sich euch jede Sekunde schnappen wie King Kong die kreischende Fay Wray. Das werde ich nie verstehen: Auf der einen Seite lachen sich Männer schlapp, wenn sie *Der bewegte Mann* oder *Wie die Karnickel* sehen, auf der anderen Seite fürchten sie leibhaftige Schwule mehr als Dracula den Knoblauch. Entspannt euch, Jungs! Nichts ist so unsexy wie ein Mann, der sich vorm großen bösen Wolf versteckt. Und es hat übrigens auch noch keinen Kerl verschwult, mal kurz unsere Handtasche festzuhalten, während wir uns die Nase pudern.

Diese Homophobie, und da sind wir schon beim zweiten großen Mysterium, gilt natürlich bei Männern nur gegenüber Männern. Weibliche Homosexualität ist für Männer nicht nur völlig in Ordnung, sie ist oberrattenscharf, wenn man gängigen Pornos glauben darf. In jedem dieser Filme, seien es weichgezeichnete »zärtliche Cousinen« oder

97

Hardcore-peitsch-mich-Gangbangs à la *Rudelbumsmassaker*, gibt es die obligatorischen Lesbenszenen, in denen zwei Barbie-Fehlpressungen aneinander herumhantieren, als wollten sie einen Toaster mit ihren künstlichen Fingernägeln reparieren. Übrigens: Dort, wo die rubbeln, liebe Konsumenten, ist organisch gesehen nichts. Das Wunderwerk der Klitoris liegt ein Stückchen tiefer, aber da sieht man die grell gestylten Fingernägel natürlich nicht mehr so gut im Bild. Und merke: Wenn eine Frau in einem Porno stöhnt, als würde sie gerade einen Staubsauger gebären, und gleichzeitig im Schritt sichtlich trocken ist wie Rauputz, dann stimmt da was nicht.

Aber egal wie absurd diese Performances der New Clits on the Block sind: Männer stehen drauf, und drum gehören sie in jeden ordentlichen Wichsfilm. Und natürlich reicht es den Damen nie, einfach unter sich zu sein. Die Lesbennummer ist vielmehr eine Art Vorprogramm für den richtigen Act hinterher. *Der Penetrator* könnte der Hauptfilm heißen, und wenn »cr« ins Bild kommt, interessiert sich keine Mösenmaus mehr für die andere, dann bedient der Stecher gerne beide.

Dabei ist Sex unter Frauen etwas Wunderbares, und ich würde ihn gerne mal so sehen, wie er tatsächlich ist. Was hab ich mich gefreut auf die beiden neuen Homo-Serien, die im Spätprogramm (also gut versteckt) Sex und Witz versprachen. *The L-Word* entpuppte sich leider als schwafeliges, verklemmtes Latzhosengesülze, bei dem jede Handgreiflichkeit mit Unmengen von theoretischem Gelaber und reichlich Geflenne kommentiert wurde. Kein wilder Gruppenschleck. *Queer as Folks*, das schwule Pendant, zeigt wenigstens heiße Sexszenen mit schönen muskulösen Männern und führt uns ganz nebenbei mal all die Orte vor, wo Frauen schwer bis nie hinkommen: Darkrooms, Saunen, Vorstandsetagen. Leider ist diese Serie frauenfeindlich ohne Ende. Würde ich jedes Mal einen Wacholderschnaps kippen, wenn die Jungs sich im Streit als »du blöde Fotze« bezeichnen, oder wenn die beiden einzigen Lesben sich so altjüngferlich verhalten wie Nonnen mit Vaginalkrampf, wär ich längst Alkoholikerin.

Ehrlich gesagt, ich verstehe die ganze Aufregung um Coming Out, schwul, lesbisch oder was auch immer nicht. Hauptsache, der Sex ist geil, und das ist er mit Männern und Frauen. Frauen haben diese unwiderstehliche weiche Haut, das duftende Haar, die leichten schnellen Finger, sie kichern im Dunkeln, und wenn sie heiser stöhnen, ist das besser als jede Kuschelrock-CD. Mösen sind großartig, oben gepolstert und wollig, innen feucht und faltig, seimig, salzig und geheimnisvoll. Frauen können endlos lange ficken und Orgasmen haben, bis man zwischendrin vor Erschöpfung einschläft. Und Männer haben diese beneidenswerten schmalen Hüften und die kleinen Härchen auf den Unterarmen, die so sexy sind. Die ganze Körperspannung ist heiß. Wenn man fühlt, wie die Muskeln spielen, wie die Hände fest zufassen und gleichzeitig zärtlich sind – toll. Ein Schwanz ist eine wirklich gute Erfindung, und ich würde nie darauf verzichten wollen. Vergesst diesen Ratgeber-Mist nach dem

Motto »Simplify your Sex«! Simpler Sex ist doof. Langweilig. Zeitverschwendung. Die Herrgöttin hat zwei Geschlechter geschaffen, damit wir doppelten Spaß haben. Und deshalb, finde ich, ist reine Heterosexualität und reine Homosexualität wie eine Stadt mit Einbahnstraßen: Der Verkehr kommt nur schleppend voran.

Sex mit Defibrillator

Neulich, als ich schlaflos vor dem Spätprogramm saß und mir einen alten Bela-Lugosi-
Horrorfilm reinzog, hatte ich plötzlich eine
Vision: Der Untote, der da mit steinerner,
Make-up-bröckelnder Miene und schwar-
zem wehenden Zorro-Umhang hinter der
blumenbekränzten, panisch schreienden und
wild gestikulierenden Maid herstolperte, als
hätte er Blei an den Füßen und den Wurm im
Gelenk, den kannte ich! Rolf Eden, Berlins
Warangesicht, Ex-Diskothekenbesitzer, Ex-
Playboy, Ex-Beau. Und früher wie heute, seit
er sich erstmals aus der Gruft buddelte, hat
sich offenbar nichts geändert: Seine Miezen
sind immer noch gefühlte 130 Jahre frischer
als er, und sie werden immer jünger. Vom
Lätzchen zum Mätzchen vom Rolf. Warum
er das toll findet, kann ich gut verstehen, und
ich würde nie verlangen, dass er sie aufgibt,
die fohlenbeinigen Mädelchen, die ihn für

einen Prominenten halten, weil er einen weißen Anzug trägt und weil er öfters in dubiosen Talkshows herumsitzt. Sein Interesse an dieser ungleichen Verbandelung ist mir völlig klar, denn wenn ich mich schon jeden Abend einfrieren und morgens wieder auftauen lassen muss, dann habe ich es auch lieber, mich sieht zuerst eine junge, knackige Krankenschwester an, in deren Halsschlagader ich meine dritten Zähne schlagen kann, um mir den Lebenssaft für den kommenden Tag zu saugen. Wenn ich Runzeln und den Hauch vergangener Jahrhunderte sehen will, kann ich mir ja auch *Die Mumie* auf DVD ausleihen oder in den Spiegel sehen. Diese Krankenschwestern, die den rüstigen Senior so liebevoll umsorgen, nennt er übrigens »Assistentinnen«, und das klingt ja auch wirklich charmanter als Zivi. Für *ihn* ist diese Verbindung also reiner Vampirismus, die Jugend ausschlürfen, ein Herz fühlen, das ohne Schrittmacher schlägt, über Beine streichen, die ohne Stützstrümpfe glatt sind. Aber, und jetzt fällt mir wirklich nicht viel ein, warum, o Herrin, tut *sie* es? Warum hängen sich immer noch blutjunge Frauen alten Männern an den Hals und behaupten, das sei großartig? Natürlich ist Geld eine schöne Sache, und wenn man es im Dienstleistungssektor verdienen möchte: bitte. Meine Körperwärme gegen deine Kreditkarte bedeutet ein klares Tauschgeschäft, aber das ist dann ein berufliches Abkommen, und so deutlich wird es ja selten formuliert. Ich frage mich dann immer, wie dieser Seniorenstift-Sex wohl so aussieht. Treibt man es da auf Moltex-Saugunterlagen? *Sie* hat als unbedarftes Mäuselchen keine Ahnung, wie das Ganze funktioniert, *er* weiß es zwar (falls er sich noch erinnert), kann sich wegen akuter Arthritis aber nicht mehr in die nötige Position hieven. All die Hasen, die mit Hugh Hefner auf seiner großen Farm leben, ihn Darling nennen und ihm auf Kommando von MTV die Zunge ins Ohr stecken oder das Röckchen lüften, erwarten die wirklich nicht mehr vom Leben und vom Mann, als dass er ihnen die nächste Miete und ein ganzseitiges Foto im nächsten *Playboy* beschafft? Das ist doch Miet-Biberei.

Gegen kein Geld der Welt würde ich auf die Errungenschaften der letzten Jahre verzichten wollen, denn Männer haben ja seit den Fünfzigerjahren einen kompletten Evolutionssprung hingelegt. Nicht alle natürlich, manche befinden sich nach wie vor mit dem Charme von T-Rex auf Partnersuche, aber einige Exemplare haben doch tatsächlich den Sprung ins neue Jahrtausend geschafft: der emanzipierte, sensible Mann, der weiß, dass auch Männerhaut knittert, wenn man sie nicht pflegt, und der im Gespräch Sätzen von mehr als vier Wörtern folgen kann und vor allem will. Wir haben so hart an ihm gearbeitet. Die Lila-Latzhosen-Schwestern der früheren Stunden haben ihn zurechtgehauen, und bei uns wurde er dann veredelt. Ihn wieder in den Schrank stellen und die Uraltgarde reanimieren? Niemals.

Ich bin jetzt dreiunddreißig, was bedeutet, dass mein Freund mich, ohne sich wegen Pädophilie strafbar zu machen, mit einer Lolita betrügen könnte, die halb so alt ist wie ich – eine merkwürdige Vorstellung. Wenn man das junge Fleisch ein paar Mal durchgeknetet hat, wenn man alle Körperöffnungen besamt hat, wenn der Bleistift-unter-Brust-Test erfolgreich absolviert wurde, wenn man gemeinsam getestet hat, welcher Ritzenflitzer am schönsten aus den sonnengebräunten Pampelmusenpobacken hervorlugt, was macht man dann miteinander? Gibt man das Mädel bei der Kindertagesstätte ab und sucht sich eine echte Frau zum Unterhalten? Oder bedampft man die junge Gespielin den ganzen Tag mit Lachgas, damit sie auf jeden Fall über alles kichert, was man sagt? Denn nichts ist doch so unsexy, wie wenn jemand die Witze und Anspielungen nicht versteht. Ich habe eine Kollegin, die gerade mal zwanzig ist und die, als ich neulich am Telefon vom braunen Bären, dem Flutschfinger und Ed von Schleck schwärmte, dachte, ich wäre auf Telefonsex umgestiegen.

Besonders bizarr wird diese Gerontoerotik, wenn man sie einmal andersherum vorführt, dann schreien plötzlich alle auf, wie pervers derartige Altersunterschiede sind. Harold und Maude waren in dem gleichnamigen Film doch wirklich zuckersüß. Er blutjunge 18, sie gut erhaltene 79, ihre Liebe unschuldig wie ein Gänseblümchenfeld im Morgentau. Und trotzdem regten sich alle auf, obwohl es hier um romantische Gefühle ging und nicht um sexuelle Wiederbelebungsmaßnahmen auf Kreditkarte. Eine alte Frau, die sich einen oder mehrere junge Lover hält, einen Streichelzoo für einsame Abende, einen privaten Escortservice für gewisse Stunden, einen Harem knapp überm Jugendschutz, das geht nicht! Das ist wider die Natur! Gemein eigentlich. Und dass Frauen einfach unschöner altern als Männer, kann man nicht wirklich sagen, wenn man sich Uschi Obermaier ansieht, die mit ihren zarten sechzig noch jeden Abiturienten herumkriegen sollte. Aber obwohl es gerecht wäre und ich es kein bisschen merkwürdiger finde als in der herkömmlichen Konstellation, bleibt das gewisse Gruseln bestehen. Nicht, dass ich es nicht gut fände, wenn alte Menschen Sex haben. Ich wünsche mir sehr, dass es bei mir mit achtzig noch heiß hergeht und die hysterische Nachbarin von oben die Polizei wegen Ruhestörung ruft. Und Jack Nicholson und Diane Keaton als rattenscharfes Paar jenseits der Menopause waren so sexy wie nur was. Aber wenn ich das Gefühl habe, ein alternder Playboy schart so viele Blondinen um sich, wie er sich in all den Jahren Gehirnzellen weggesoffen hat, dann kommt das nicht gut bei mir an. Die große Ausnahme ist ein richtiger sexueller Alters-Fetischismus, für den ich als Sexautorin natürlich Verständnis habe, und die Liebe, für die ich als Romantikerin das allergrößte Verständnis habe. Wo die Liebe hinfällt, soll man sie aufheben, vom Pflaster kratzen und von Böden lecken, und dann ist es völlig egal, wie viele Kerzen auf die Torte müssen, notfalls nimmt man eben einen Fön zum Auspusten. Alle anderen Assistentinnen-Dienste aber sind gewerblich. Nichts dagegen einzuwenden, das ist ein ehrbarer Beruf – aber das ist Waranpfleger im Zoo auch.

Money Money Money

Diamonds are a girl's best friend. Frauen lieben Geld, das kann man nicht leugnen. Und wenn der Taillenumfang, der IQ und der Kontostand der Angebeteten den gleichen niedrigen Wert zeigen, dann kann man(n) mit ein paar Scheinen durchaus etwas reißen. Anders ist es nicht zu erklären, dass die unmöglichsten Typen umringt sind von einem Schwarm Blondinen wie ein Hundehaufen von Schmeißfliegen. Frauen, die das Gewicht ihrer Brüste nicht in den tagesaktuellen Goldpreis umrechnen, lassen sich von den Scheckbüchern schmerbäuchiger Womanizer allerdings weniger beeindrucken. In dem Fall muss ein Mann mehr zu bieten haben. Viel mehr. Denn wir Frauen wollen keinen wandelnden Sparkassenautomaten, wir wollen Helden! Der Prinz im Märchen bekommt nicht deshalb die Prinzessin, weil er ein Schloss besitzt, sondern weil er den Drachen getötet hat.

In der Teenie-Serie *Dawson's Creek* (die Tom Cruise' Ehefrau Katie Holmes berühmt machte) schenkt der ewige Looser Pacey dem Traumgirl Joey eine Mauer und gewinnt damit ihr Herz – eine Szene, die mich als pubertätsgebeutelte Hormonschleuder zu Tränen rührte und mich heute noch seufzen lässt. Was war passiert? Joey malte Folge um Folge an einem Wandgemälde in ihrer Highschool. Als sie endlich fertig war und sich künstlerisch selbstverwirklicht hatte, zerstörten es böse picklige Cafeteria-Vandalen. Joey, am Boden zerstört, wollte nie wieder Herzblut in ihre Kunst investieren, aber da organisierte der Outsider Pacey eine freistehende Mauer auf einem Abrissgrundstück für ein Jahr und präsentierte Joey damit neben einer Möglichkeit, noch eine der fürchterlich kitschigen Mädchenzimmer-Szenen zu malen, auch das Schönste, was man einer Frau geben kann: Respekt vor ihren Träumen und Fähigkeiten. *Das* wollen Frauen.

Bevor ich mich jetzt anhöre wie eine Mischung aus Maurerinnungs-Pressesprecherin und konsumkritischem Dalai Lama: Das heißt nicht, dass ein gut betuchter Traumprinz von vorneherein aus dem Rennen wäre. Nur muss er sein Kleingeld mit Phantasie und Ernsthaftigkeit investieren, wenn es die Frau beeindrucken soll. Es ist einfach keine Heldentat, den Bade-Butler eines Luxushotels zu beauftragen, Rosenblüten ins Wasser zu streuen und den Champagner kalt zu stellen. Aber einen Kuchen selbst zu backen mit dem Namen der Liebsten darauf und sich dabei auch zu erinnern, dass sie eine Haselnussallergie hat, das ist schon was wert. Sich nett und gut gelaunt mit ihrem Patenkind zu unterhalten, kommt bei Frauen viel besser an, als wenn man für die gesamte Windelgruppe ein ganzes Kino von der Sekretärin buchen lässt. Hat man keine Sekretärin und auch nicht den nötigen Kontostand für so eine Aktion, ist es nicht nur unromantisch, sondern bloß dämlich. Keine Frau will einen Mann, der mit seinen eigenen Grenzen nicht souverän umgeht. Das gilt für Alkoholkonsum wie für die Spesenrechnung. Die Devise heißt also: zuhören, Gedanken machen, phantasievoll sein, den Hintern vom Sofa

wuchten. Klar ist das anstrengender als eine
Überweisung per Telebanking, aber das
wissen Frauen auch und honorieren es dem-
entsprechend. Wenn sie ihm einen bläst,
nachdem er ihr Lieblingsgedicht von Rilke
auf der Klampfe vertont hat, ist es Romantik.
Wenn sie es tut, weil auf ihrem Kopfkissen
ein Schein lag, ist es eine professionelle
Transaktion.

Nun sind die freistehenden Abrissmauern,
die man so mieten kann, ja zugegebener-
maßen rar, und auch nicht jede Frau wäre
von zehn Quadratmetern Ziegeln begeistert.
Was sind also noch gute Ideen, um sich in ihr
Herz zu schleichen? Im Prinzip alles, was
Männern so einfällt – nur eben mit mehr
Überlegung und Eigeninitiative.

Ein Kuschelwochenende zum Beispiel ist
im Prinzip eine gute Idee. Reiner Krampf
wird es aber, wenn man sich das Denken
spart und stattdessen auf ein Katalogarran-
gement zurückgreift. Man stelle sich nur
mal den Mickymaus-Krawatte tragenden
Langweiler in der Tourismus-Zentrale vor,
dem das »Himmlische Dinner mit Teufels-

geiger« eingefallen ist. Soll etwa der mit in die Kiste?

Wenn mein Date sich das gefragt hätte, wäre mir ein traumatisches Wochenende erspart geblieben. Es war eine bizarre Angelegenheit, als wir zwischen lauter angejahrten sexmüden Paaren im Speisesaal saßen, das Heftchen mit den Gutscheinen für »das sexy Betthupferl« und die »Megaluxus-Whirlpool-Sause« (die hätte im betonnackten Keller stattgefunden) zwischen uns, und die kaum volljährige Bedienung an jedem Tisch mit dem gleichen Augenzwinkern erzählte, dass dieses Spargelgericht ja wahnsinnig erotisierend sei, weil Spargel schon vor Jahrhunderten als Aphrodisiakum gegolten habe. (Apropos, nur weil wir gerade beim Spargel sind: Französischen Sex sollte man sich wegen des müffelnden Geruchs und Geschmacks verkneifen). Schlimmer als die mitleidigen Blicke des Latschen tragenden Personals waren nur noch die verkniffenen Lippen der Staubmäuse suchenden Damen und die bierseligen roten Bäckchen der Don Juans, für die die wucherpreisigen Erdnüsse aus der Minibar wahrscheinlich den Gipfel der Verrucht-heit darstellten. Jetzt gönnen wir uns mal was! Ich saß derweil über meinem Spargel-gericht und versuchte mir unsere Kellnerin vorzustellen, wie sie es sich nackt mit einem delphinförmigen Dildo auf der Theke be-sorgt, um wenigstens etwas in Stimmung zu kommen, aber es half nichts. Denn erstens klang ihre Stimme auch schwer nach Flipper, und zweitens hatte meine Begleitung mich vorher durch einen sportlichen Extrem-Drill geschleppt: Wasserski am See, ein Spazier-gang durch den historischen Ort und kurz vor dem Essen noch der Capoeira-Crash-kurs. Auch die anderen Damen hingen er-schöpft von Sauna und Frischluft über ihren Desserts und sahen nicht so aus, als würde es heute noch jemand schaffen, das Luder aus ihnen hervorzuvögeln. Unter aufmuntern-dem Kopfnicken verließ das erste Paar den Speisesaal, und ich stellte mir vor, wie früher in der Hochzeitsnacht die ganze Bagage ums Bett herumstand, bis unter allgemeinem Ge-johle mit dem blutbefleckten Laken gewedelt wurde. Meine Schmerzgrenze für Peinlichkeiten ist ja relativ hoch, aber auf keinen Fall wollte ich am nächsten Morgen dabei zusehen, wie sich die Stecher beim Frühstücksbuffet gegenseitig geglückten Vollzug meldeten oder mit zweideutigem Grinsen zwei Eier aus dem Korb nahmen.

Und wie sie nun war, die Nacht im Kuschelhotel? Passend zur Gelsenkirchner-Barock-Einrichtung. Ein bisschen Möserubbeln, ein bisschen Brustwarzensaugen, dreieinhalb Minuten Penetration (das hab ich gemessen, ich hatte ja sonst nichts zu tun), schwitziges Löffelchen mit Speichelfaden im schnarchenden Mundwinkel und fertig. Kein »sich wendender Drache« und auch kein »galoppierendes Ross«, vor allem aber: kein Märchenprinz. Da hielt ich es doch lieber mit Lady Chatterley, schlich mich noch im Morgengrauen aus dem Herrenhaus und aus dem Leben meines Dates und sah mal in den Ställen nach, ob zwischen all den Hengsten ein passabler Stallbursche Dienst hatte. Er hatte! Sein Kontostand interessierte mich überhaupt nicht.

Ewig gluckern die Glocken

»0190…«, trällert die vollbusige Rothaarige im Spätprogramm und räkelt sich ekstatisch. Ihr Höschen ist knapp, ihre Verrenkung Yoga für Fortgeschrittene, ihr Blick hat den unwiderstehlichen »Fick-mich-sofort«-Appeal, der allerdings auch ausdrücken kann: »Hilfe, ich habe gerade einen Bandscheibenvorfall« oder: »Hilfe, mein immerfeuchter Biber hat gerade meinen Tanga eingesaugt«. Doch dann hebt sie ihre Arme über den Kopf – und da sind sie: die Frankenstein-Nähte. Rot, quallig, wie mit dem Bürotacker gestanzt. Die arme Frau hat, um begehrenswert zu sein, ihre pfläumchengroßen Titties zu prallen Pampelmusen aufpolstern lassen. Sie hat sich auf einem OP-Tisch kreuzigen, ihre Brüste an der Seite aufschneiden, die Wunde mit riesigen Haken aufsperren und sich Silikonquallen hineinstopfen lassen. Und wohin hat sie das gebracht? Ins nackige Hechelprogramm, wo ihre neuen Vorbauten jetzt unbeweglich zu ihr aufstarren wie die Altglascontainer an der Straßenecke. Herzlichen Glückwunsch.

Ich finde Silikonbrüste furchtbar. Solange es noch halbwegs natürlich aussieht, bitte. Aber diese Atommelonen? Wenn die Göttin gewollt hätte, dass man den Busen unterm Kinn trägt, hätte sie kohlrabigroße Doppelkröpfe geschaffen. Warum tun sich Frauen das an? Um sexy zu sein? Wollen Männer wirklich so was? Brüste, die wie aufgenagelte Wasserbomben aussehen? Ein falscher Biss und zack hat man die ganze Puddingsoße im Gesicht? Wie war das noch mit dem H&M-Model, dem die Oberweite im Flugzeug geplatzt ist? Und wo wir gerade bei Mode sind: Wisst ihr Männer überhaupt, was es heißt, mit großer Oberweite Dessous zu kaufen? Ich bin ja immer dafür, die Mysterien der Frauenwelt zu verraten, und eines ist dieses: Es gibt etwa eine Million Push-up-BHs, um eine Körbchengröße A auf C zu mogeln. Sollte man also meinen, C wäre das Nonplusultra. Ihr wollt es, wir wollen es, C ist klasse. Nur: ab Größe C gibt es plötzlich bloß noch »praktische« hautfarbene Sport-BHs aus taucheranzugähnlichen Stoffmassen.

Erinnern wir uns einmal daran, wie sich natürlich gewachsene Brüste so anfassen: Kleine harte Mäusenasen, die sich knubbelig zusammenziehen, wenn man sie mit der Fingerkuppe berührt, festes Fleisch, nur eine leichte, straffe Wölbung, die beim Anlecken sofort eine Gänsehaut überzieht und unter der man auf der linken Seite deutlich das Herz schlagen fühlt. Man kann sie jederzeit anfassen, denn kein BH, kein Mieder und keine Push-up-Kissen behindern eine Hand, die unters Hemdchen schlüpft. Diese sanfte Wölbung, mit der echte üppige Brüste nach unten zu den Nippeln hin anschwellen. Und schließlich große Wabberglocken, an denen man saugen kann, wenn man unten liegt, und die einem fast die Luft nehmen. Das Vibrieren der Haut, wenn man sie sachte anstößt, und das Zittern und Wackeln bei jedem Stoß, wenn sie hüpfen, als würden sie sich freuen, dass ihre Besitzerin gerade ge-poppt wird. Egal ob es hängt oder kaum knospt, knittert oder saftig strotzt: Nichts kommt an echte Brüste heran. Und wenn man sie ehrfürchtig genug ansieht und die Stimme begeistert genug klingt, dann darf man durchaus »Titten« sagen, ohne mit dem Lebenswerk von Alice Schwarzer aus der Nachttischschublade erschlagen zu werden.

Statt all dieser Genüsse erwarten den Designbusenliebhaber: knotige Silkonverhärtungen, rot vernarbte Nähte (sogar bei Gina Wild sind die Schnitte unter der Brust zu sehen), ausgestanzte und wieder eingesetzte Brustwarzen, neu angeschlossene Milchkanäle und dann dieses Gluckern. Ich stehe ja auf Geräusche im Bett. Wenn zwei Leute oder mehr Spaß miteinander haben, soll bitte gehechelt und gestöhnt werden, bis der Arzt kommt. Ob Grunzen oder Fiepen, Jaulen oder Kichern, jede Art wollüstiger Akustik finde ich geil. Und mit Silikonbrüsten? Kaum fasst man der Maid an die Geierwally-Dutteln, gluckert's wie diese Wasserspender in amerikanischen Anwaltsserien. Es gluckert. Hasi, spricht dein Busen gerade zu mir oder frisst dich von innen ein Alien auf?

Fakt ist doch: Wenn mein Sexleben platt-brüstig öde ist, wird es das mit Dolly-Buster-Maßen garantiert auch sein. Denn schließlich soll ein Mann meine Brüste sachkundig verwöhnen und nicht Bowling damit spielen. Und ich möchte auch nicht, dass jemand, der gerade mit mir Sex hat, ständig an schwingende Abrissbirnen denken muss. Und Kommentare über die »Glöcknerin von Notre Dame« möchte ich schon gar nicht hören. Vielleicht wollen manche Männer auch nur deshalb, dass sich Frauen den Busen zu Wetterballons aufblasen lassen, damit sie wissen, wo vorne ist? Oder damit sie ein optisches Gleichgewicht zum Bierbauch haben, so à la Barbapapa trifft Barbamama? Die Dame von der 0190-Nummer hat natürlich prominente Vorbilder: Lollo Ferrari haben diese Dinger zu Tode erdrückt (wobei es zugegebenermaßen auch schwierig sein dürfte, durch solche Schlauchbootlippen genügend Luft zu bekommen), und böse Zungen behaupten, Pamela Anderson hätte sich nur bojenartig tunen lassen, weil sie nicht gut genug schwimmen konnte für ein Baywatch-Girl.

Und das Ersatzteillager Anouschka Renzi ist doch der erste real existierende Cyborg (ich wette, ihre Brüste sind WARP-fähig).

Im Zeitalter von Jauch und Pilawa habe ich eine Vision: eine Fernsehshow. Titel *Das Tittenquiz* oder *Deutschland sucht die Superbrust*. Vor einem Showmaster mit undurchdringlichem Pokerface sitzen ein Dutzend Kandidaten im Halbkreis auf ihren liegenden nackten Frauen, die allesamt in zuvor gelaufenen OP-Shows öffentlich verstümmelt wurden. Der Quizmaster lächelt noch einmal süffisant und stellt dann eine Frage, vielleicht aus dem Bereich Genforschung oder Chaostheorie. Und wer etwas weiß, drückt auf die Quizbuzzer-Brüste seiner Frau, die prompt gluckern. Das kann man auch mit verteilten Rollen im heimischen Ehebett spielen. »Lustorgan der Frau mit elf Buchstaben?« Erst pressen, dann kommt das Gluckern, schließlich die Lösung: »Kreditkarte!« War's richtig, darf er ran. Sonst nicht. Aber ihm bleibt ja der rothaarige Trostpreis von der 0190er-Nummer.

Im Bett mit Bussibär

»Hasi? Will mein Mäuselchen ein Knutschilein auf Bäckili? Komm, saugi, mach pöt-pöt mit Lümmelchen.« Was will ein Mensch, der so etwas im Bett sagt? Vielleicht eine frische Windel? Oder ist es der abgeschleppte Bussibär, der gleich nach seinem Honig oder Freund Ferkel quengeln wird?

Zugegeben, es ist nicht ganz einfach, geradeheraus zu sagen, was man im Bett gerne möchte. Manche stellen sich dabei an, als probten sie gerade ein Stück für die neue Aufklärungsreihe der Augsburger Puppenkiste: *Jim Knopf und das multiple Orgasmiermonster, Urmel treibt's mit Winnie Pooh oral* oder *Tinky Winky, Dipsy und Laa-Laa erleben heißen Sandwichsex.* Da darf man sich nicht wundern, wenn ein Glas warme Milch auf dem Nachttisch die einzige Flüssigkeit ist, die in dieser Nacht ausgetauscht wird.

Dass Hattu-muttu-kantu-Sätze eher an

Häschenwitze denken lassen als an feuchtes Schubbern, heiseres Stöhnen und lustvolles Ineinandergleiten, ist die eine Sache. Die andere ist die, dass man bei allzu blumigen Formulierungen wie »O lasse deinen munteren Kolibri auf meiner Blütenspitze trillieren« oft einfach nicht weiß, was nun eigentlich gemeint ist.

Richtig romantisch sind präzise Angaben natürlich eher weniger. Manche Männer bräuchten da ja einen Kompass oder einen ADAC-Atlas *Wege zur Lust und Schnellstraßen der Leidenschaft*: »Also, fahr jetzt mit dem Daumen ganz leicht über die Härchen auf meinen Mösenlippen, nicht drücken, nur drübergleiten, rutsch dann tiefer, und wenn du den Kitzler gefunden hast, ganz sachte kreisen. Macht dein Finger in meiner Spalte schmatzende Geräusche vor Feuchtigkeit, schiebst du den Zeigefinger ganz langsam tief in mich hinein. Nicht bohren, dehnen, rütteln oder die Presslufthammer-Nummer, sondern tauchen.« Da weiß der Lover, was er tun soll. Und apropos Romantik: vergesst sie.

Romantik ist prima beim Date vorher. Mit Pralinen gefüttert zu werden, während der Mann der Stunde lobpreist, was ihm an meinem Körper rühmenswert erscheint, ist ein netter Einstieg. Auch bei gemeinsamen Badespielen kann ich schwimmenden Rosenblättern, flackernden Teelichtern, tiefen Blicken und Einsichten in das Seelenleben meines zukünftigen Beischläfers sehr viel abgewinnen. Und hinterher ist das gereichte Glas eiskalter Pflaumenwein und der Glückskeks, in dem sich ein Zettel mit *du bist so wundervoll* befindet, eine tolle Sache. Überhaupt jederzeit dürfen Männer romantisch sein, die Skala ist nach oben offen, schmalzt und turtelt, bis ihr euch vorkommt wie das verliebte Stinktier Pepe, aber:

Beim Sex, ich meine während der eigentlichen heißen Phase, in der man sich aus den Klamotten gehäutet hat, sich zitternd umeinander krallt und die Zungen verknotet, als könnte man den Rachen hinuntertauchen, da ist Romantik schlicht und einfach fehl am Platz. Es gibt nicht nur einen sprachlichen Unterschied zwischen »ficken« und »Bubu machen«, sondern auch einen inhaltlichen. Das eine törnt an, das andere trötet ab.

Und das ist genau der Punkt. Dirty Talk ist nicht nur ein Vermitteln von Fakten so wie eine Erledigungsliste, die mann sich übers Bett hängt, um alles richtig zu machen: »Brustwarzen saugen, Ohrläppchen knabbern, Halsbeuge nicht vergessen, Kitzler lecken, warten bis stöhnt, Frau umdrehen, Hintern hoch, durch Beine durchfassen, Kitzler wichsen, a tergo ficken, sie zuerst kommen lassen, hinterher nicht über Cellulitis reden.« Dirty Talk ist auch eine Art Gleitmittel fürs Gehirn. Ein gegenseitiges Masturbieren des Sprachzentrums. Das Wunderbare daran: Verbal vögeln kann man stundenlang und selbst in der Öffentlichkeit. Im Restaurant zum Beispiel. In der vollbesetzten U-Bahn. Im Schwimmbad. Im Ausland sogar in Zimmerlautstärke, wenn man sicher ist, dass niemand deutsch spricht. Eine Hemmschwelle hat am Anfang jeder. Als ich meine erste pornographische Geschichte schrieb (übrigens vor ziemlich genau sieben Jahren für die *Penthouse*), hatte ich die ganze

Story fertig bis auf die Sexszene. Fast eine halbe Stunde bin ich mit feuchtem Höschen auf dem Schreibtischstuhl herumgerutscht, bis ich mich getraut habe, »Möse« zu schreiben, schlimmer noch »meine Möse«. Und wieder etwas ganz anderes ist es, es nicht nur aufzuschreiben, sondern jemandem ins Gesicht zu sagen. Sich gegenseitig vorlesen hilft. Einmal ganz pragmatisch Begriffe abzusprechen, die beide mögen, hilft auch. Was nutzt es, wenn mitten in der künstlerischen Pause eines heißen Blowjobs die ganze Pracht in sich zusammenschrumpelt, nur weil man »Penis« gesagt hat, wo er gern »Hammermörderbolzen« gehört hätte.

Und vielleicht habe ich mich ganz zu Beginn auch geirrt und der Bussibär hatte nur ein Kommunikationsproblem. Vielleicht will ein Mensch, der gerade »Kriegt das Wuschi Schleckchen?« säuselt, gar keinen neuen Nuckel, sondern etwas ganz anderes unbeschreiblich Heißes? Wär schön, wenn ich das dann wüsste.

Frittierte Rüssel und Jadeperlen

Nichts gegen Folklore. Wer sich im Urlaub unbedingt mit bunten Bändern oder Kokosnusshälften behängen, »hossa« rufen und Sirtaki tanzen möchte, bitte. Und warum soll man nicht einmal einen Löffel vom brasilianischen Ameisenpüree probieren, in Island einen halb verwesten Haifischkopf aus dem Sand graben oder im Urwald mit einer Python ringen? Aber es gibt einen Bereich, in dem hat weder ein mongolischer Knabenchor noch eine indische Henna-Zeremonie etwas zu suchen – und das ist das Bett. Frauenzeitschriften verkünden ja gern die ultimative Ekstase, nur weil über der Ikea-Matratze plötzlich ein Tarnnetz gespannt wird und Mutti im Overall einer Kampfpilotin zum Army-Sex bittet. Fakt ist: Mieser Sex bleibt mieser Sex, egal, ob man es in der Tiefgarage oder im Kornfeld treibt und egal ob der Liebste dabei in Lederhosen jodelt oder plötzlich im Arztkittel dasteht und eine

gynäkologische Untersuchung ankündigt. Mit
miesem Sex meine ich unhöfliches, einfalls-
loses, hektisches Aneinanderherumonanie-
ren, das ungefähr so viel Spaß macht, wie die
schleimigen Haarpfropfen des Vormieters aus
dem Duschabfluss zu entfernen. Und mieser
Sex wird auch noch peinlich, wenn man sich
nicht selbst etwas überlegt, was man scharf
findet, sondern auf Sex-Kochrezepte zurückgreift. Da wird das Gourmetmenü ganz
schnell zur sexuellen Fünfminutenterrine, und
auf den Nachschlag verzichtet man dankend.

Diese ganze Sache mit dem Lebensmittel-
sex: Was soll das? Ist es unbedingt nötig, die
neue Satinbettwäsche mit Rotweinflecken zu
versauen? Will ich wirklich Leberwurst auf
einen Penis streichen, bis der aussieht wie ein
nackiges Gürteltier? Warum sollte ich Honig
von seinen Eiern lecken, und bringt es wirklich multiple Orgasmen, wenn man sich
abwechselnd mit Eiswürfelkompressen und
heißen Teebeuteln peitscht?

Statt wer-weiß-wie originelle Stellungen
zu empfehlen, fände ich es eher angebracht,
mal ein Wort über Höflichkeit beim Sex zu

verlieren. Wir Frauen mögen es nämlich gar nicht, wenn ihr euch beim A-tergo-Fick wahlweise an unseren Rettungsringen oder an möglicherweise vorstehenden Knochen festhaltet. Nichts an einer Frau nirgendwo an ihrem Körper dient als Haltegriff. Und feucht ist es, wenn's flutscht, und nicht wenn die Tagesschau anfängt oder die Mikrowelle klingelt. Wir wissen es zu schätzen, wenn ihr euch beim Missionarsvögeln abstützt und uns atmen lasst, und wir wissen, dass wir einen wirklich guten Liebhaber im Bett haben, wenn er auch so eine ernste Sache wie Sex mit Humor nimmt. Und genau dazu sind Sextipps aller Art auch da: zum Lachen. Egal ob dort empfohlen wird, sich mit gebratenen Zwiebelringen zu bewerfen oder Polaroids vom letzten Strapscorsagen-Anprobieren in der Butterbrotdose zu verstecken. Egal, ob man gemeinsam die gegenseitigen Geschlechtsorgane in Fimo kneten oder sich als Lama verkleiden soll, um es neben einer peruanischen Panflötencombo in der Fußgängerzone zu treiben.

Man lacht sich scheckig, und wenn man

nicht wirklich völlig rattig wird beim Gedanken an die Panflötenjungs, dann lehnt man sich entspannt zusammen zurück und fällt so übereinander her, wie es nett für beide ist. Meiner Meinung nach braucht man für wirklich geilen Sex weder ein Tiroler Dirndl noch ein Glas Nutella, auch keinen maßgefertigten Spiegel mit ausgesparten Körperöffnungen oder die Lederliebesschaukel mit Pyrotechnik. Und man muss auch keine Verwarnung wegen Erregung öffentlichen Ärgernisses riskieren. Zwei gewaschene Unterleiber, flinke Finger und gut gelaunte Zungen, Augen zum Staunen, Münder zum Fragen und Ohren zum Hören – das war's schon.

Alles, was Spaß macht, ist feucht

Prallbusige Frauen in winzigen Bikinis, die aufeinander losgehen, damit die Kameras wie bei höschenfixierten Mangafilmen direkt zwischen die Beine gucken können, wo ein neonfarbenes Fetzchen in die haarlose schlüpfrige Spalte eingesaugt zu werden droht – das hat was. Damencatchen heißt diese Ferkelei, die man mit viel Wohlwollen noch als Sport interpretieren kann (in dem Sinne, wie auch Schach irgendwie Sport sein soll), aber richtig heiß wird der Anblick von zwei ineinander verkeilten Terror-Babes doch erst, wenn man ihr Umfeld so glitschig gestaltet, wie man es unter ihren Kampftangas vermutet. Deshalb catchen die Mädels im Spätprogramm auch meistens im Schlamm, was mich persönlich nicht wirklich anturnt, denn entweder denke ich dabei an Latzhosen tragende Amish-People, die zusammen mit ihren Schweinchen in der Suhle stehen und

»Old McDonald has a farm« singen. Oder mir fällt die letzte Tonerde-Packung meiner Kosmetikerin wieder ein, was mich auch kaum so richtig scharf macht. Deshalb plädiere ich für ein Material, das so glibberig und säuisch ist wie kaum ein anderes: Gelatine. Wackelpudding von mir aus. Da käme es sogar Dr. Oetker, wetten? Auch reines Wasser wäre noch eine Idee, aber dann bräuchte man speziell abgedichtete Kameras, und außerdem schwabbelt unter Wasser jedes Gramm Cellulitis vor sich hin wie eine wuschige Nesselqualle. Im Wasser zu ficken ist nur geil, wenn man es gerade selbst tut, jemandem dabei zuzusehen, hat in etwa die Erotik von Patrick Duffys gelber Badehose in *Der Mann aus dem Meer*, der, wie wir Mittdreißiger uns noch immer traumatisiert erinnern, ja niemals Sex hatte.

Und auch der Auftritt von Bruce Willis' Minipimmel in *Color of night* hatte nur den folgenden Fünfzehnminutenruhm verdient, schaffte es aber bei weitem nicht unter die Top Ten meiner Masturbations-Phantasien. Und in denen geht es immer sehr feucht zu.

Im Traum wie im Höschen. Deshalb ist es höchste Zeit, meine These »Alles, was Spaß macht, ist feucht« zu präzisieren. Ob Händchenhalten, Abschiedsküsse, Fummeln im Auto, Cunnilingus oder Pöter-Petting – trocken geht in der Liebe gar nichts. Im Gegenteil: Je mehr Flüssigkeiten bei allen zwischenmenschlichen Aktivitäten beteiligt sind, desto besser und intensiver ist es. Als wir lernten, uns wohlzufühlen, waren wir nämlich von Wasser umgeben, in unserer ersten Uterus-Einraumwohnung. Wasser ist Leben. Nicht umsonst bestehen die Erdoberfläche und der menschliche Körper gleichermaßen zu drei Vierteln aus Wasser. Bricht die Flüssigkeit aus, ist das wie eine Eruption, ein Emotions-Tsunami sozusagen. Dabei muss man natürlich zwischen den verschiedenen Körperflüssigkeiten unterscheiden – und vor allem auch, ob wir über Männer oder Frauen reden, denn die sind ja bekanntlich verschieden.

Männer, die weinen, sind prima. Ehrlich, Frauen mögen so was. Allerdings nur, wenn es Sensibilität verrät und nicht durchgeknallte Hysterie. Sein Hund wurde gerade eingeschläfert? Er hatte zum ersten Mal nach dem unterleibsquetschenden Totalschaden wieder Sex, der länger als zwanzig Sekunden dauerte? Da ist ein Tränchen durchaus angebracht. Auch, wenn die Liebste ein halbes Jahr im Ausland studiert. Nicht allerdings, wenn der Fußballverein absteigt, die letzte Tittenbar im Ort pleite geht oder Mutti seine Kindergartenzeichnungen ins Altpapier entsorgt hat. Und, Männer: Weint wie ein Standbild. Ehrlich, ergriffen, aber stumm! Kein sabbersprühendes Gestammel, kein Gegreine mit freier Sicht auf die Backenzähne! Wir Mädels heulen schließlich schon seit Jahrzehnten gekonnt an der Wimperntusche vorbei.

Wenn aber Männer Frauen gegenüber einen entscheidenden Vorteil haben, dann den, dass sie sich das fadeste Frettchen schönsaufen können. Wir packen das nicht. Picklige Nerds bleiben picklige Nerds. Denn bei Frauen fickt das Hirn nun mal mit. Oft genug wird bei Männern nach einem totalen Systemabsturz anschließend nur das Gemächt wieder gebootet – Frauen dagegen funktionieren immer multitaskional. Da kann man noch so oft vor sich hinmurmeln »O bitte, sei Winston Chao« und jeden Buchstaben in Tequila ertränken, es bleibt doch der Ralf aus Wattenscheid, der sich da redlich abmüht, den Pilsbauch einzuziehen.

Auch sehr unterschiedlich bei beiden Geschlechtern ist das Sicherleichtern. Frauen kichern, dass sie mal Pipi müssen, und behängen ihren Begleiter mit allem, was nicht an ihnen festgewachsen ist, Mantel, Handtasche, Einkaufstüte, Schal, Regenschirm, Zwergpinscher usw. Er steht dann von einem Fuß auf den anderen trippelnd herum und hofft, dass ihn kein Kumpel erkennt. Männer fürchten ja, sobald sie eine Damenhandtasche mit zwei spitzen Fingern halten, als wäre sie ein gebrauchter Tampon, augenblicklich zu verschwulen. Jungs, das passiert nicht. Und jeder Kumpel, der vorbeikommt, sieht, dass weder das Kosmetiktäschchen in euren schwieligen Händen, noch der falsche Zobel, der an eurem Ellenbogen hängt wie ein überfahrener Kadaver, euch gehört. Also stellt euch nicht so an. Frauen wären übrigens froh, wenn sie bei einem Bedürfnis irgendwas für euch halten dürften – sofern ihr dieses Bedürfnis dann in einem geschlossenen Raum erledigt. Sich hinter einen Baum zu stellen, an eine Häuserecke oder neben einen parkenden Bus und da zu pinkeln, ist ein absolutes No-go! Hinnehmbar ist das nur bis zur Töpfchen-Phase. Und wo wir schon beim gelben Strom ohne Wiederkehr sind: Mag sein, dass manche gerne auch beim Sex darauf surfen, das ist sicherlich absolute Geschmackssache, aber ätzend finde ich, dass es auf Pornofilmen nicht draufsteht. Ist das so schwer? »Blasen, Rudelbums, Cousinenschleck, Popo und Pipi«, das passt alles auf einen Aufkleber, und man wüsste, was einen erwartet, bevor man die DVD im Player und den Schwanz in der Möse hat. Schweiß übrigens, um die Enzyklopädie der Körperflüssigkeiten zu vervollkommnen, ist nur akzeptabel, wenn er erfickt wird oder man bei 40 Grad im Schatten für einen Beduinenprinz strippt. Erhantelter, erjoggter oder tagelang Gassi geführter Schweiß ist eklig.

Tscha, und dann gäbe es noch die Tücken, die einen beim Sex im Wasser, im Meer, oder, um auf die Ringerinnen zurückzukommen, im Wackelpudding erwarten, aber die erzähle ich ein anderes Mal.

Seid ihr immer noch nicht restlos überzeugt, dass guter Sex etwas mit Feuchtigkeit zu hat? Dann beachtet doch mal folgende Wortkonstruktionen: »Spermaschwall« und, Achtung, »Flutschvötzchen«. Das ist Fick-Poesie. Macht euch das an? Mich auch.

Sommernachts-Phantasien

Gäbe es die Sendung *Sophie sucht den Super-stecher*, dann wüsste ich schon, wen ich noch vor dem Recall von der Bettkante schubsen würde: die selbsternannten Endzeitprophe-ten, die beim ersten Sonnenstrahl sofort die Klimakatastrophe beschwören, Hautkrebs-geschwüre in allen Einzelheiten schildern und die Apokalypse predigen. Sorry, aber hysterische Wetterfrösche sind unfickbar, da hilft selbst der alte Trick Lichtausschalten nicht, denn das Quaken und Unken geht im Dunkeln weiter, und leider wird auch dann selten ein Prinz daraus, wenn man ihn gegen die Schlafzimmerwand wirft. Für mich je-denfalls macht die merkwürdige Formulie-rung von der »gefühlten Temperatur« erst jenseits der dreißig Grad Sinn, denn dann schießt mir das Wetter ins Blut und zwischen die Beine. »Testosteron-Ausschüttung« nen-nen es die, die nur darüber nachdenken,

»Fickfreude« die anderen. Es fängt an mit ein bisschen ungewohntem Schweiß, ganz wenig nur, ein dunstiger Film auf der Stirn und zwischen den Brüsten, dann heizt sich der Körper vom Bauch her auf, wird lebendig und fiebrig. Der Hals fühlt sich rau an, die Stimme wird heiser, der Durst wird zur sportlichen Herausforderung. Und wenn sich das trifft, zwei Handbreit über der Magengrube, die Hitze aus dem Unterleib und der Durst aus Kopf und Brust, gibt es einen Funken mitten im Körper, und dann kann man nichts mehr machen und an nichts anderes mehr denken, denn die ganze innere Wetteranzeige steht auf Sex. Da hilft nur eins: das Höschen ausziehen und mit einem weiten Rock durch die Straßen laufen, so dass einem der Wind ans Schamhaar züngeln kann. Hochsommer ist Brunftzeit. Da wirken Männerfüße in Flipflops plötzlich sexy, und die Sonnenbrillen verbergen nur wenig von den glühenden sizilianischen Blicken unter den schweren Augenlidern. In Gedanken überschütte ich gut gebaute Schlipsträger mit Kübeln eiskalter Cola light oder zerre milchhäutige Abiturienten vom Mofa, um ihnen noch an Ort und Stelle zu zeigen, was Stoßverkehr auch bedeuten kann. Und die Frauen! Gibt es etwas Heißeres als eine durchtrainierte, etwas unnahbare Frau, die unter ihrem Männerfeinripp-Unterhemd keinen BH trägt? Wer braucht Lara Croft, wenn die U-Bahnen voll gestopft sind mit kaum bekleideten Mädchen, deren Bikinioberteile unter den Sommerkleidern hervorsehen und die sich das hinuntergetropfte Wassereis von den Handrücken lecken? Da möchte man sich doch mitten zwischen zwei Stationen vor so eine eislutschende Mittsommermaid knien, ihre Beine auseinander schieben und über ihre sicherlich komplett rasierte Muschi lecken, die sich öffnen würde wie die berühmte überstrapazierte reife saftige Frucht. Und auch die Freibäder und Sonnenwiesen bringen keine Abkühlung, denn überall sieht man die Muskeln von Frisbee spielenden Männern oder die entspannten Gesichter von Studenten, die auf dem Rasen über einem Buch eingeschlafen sind. Nur nicht wecken, sondern sich ganz

leise hinschleichen, den Reißverschluss der
Shorts öffnen und sich über seinen harten
Schwanz senken und ihn durch den Traum
reiten. Es muss an der Kombination aus Flüs-
sigkeitsmangel und Körpertemperatur liegen, dass die Phantasie so mit mir durchgeht.
Alles, was den Sommer ausmacht, ist bei mir
mit Sex verknüpft. Die runde Öffnung eines
aufgeblasenen Schwimmreifens, Grillgeruch,
das weiße Glänzen der Sonnenmilch oder
die spritzenden Wassertropfen aus dem Ra-
sensprenger: Für mich klingt, riecht und
schmeckt das nach Sex. Auch duschen hilft
nicht, denn die Dusche ist einer meiner be-
vorzugten Kopfpornosettings, genauer gesagt,
eine ganz spezielle Dusche. Als Teenager
wohnte meine Familie direkt neben einem
Freibad, und da gab es etwas hinter Bäumen
versteckt eine Dusche bei der Frauenum-
kleide, aus der ziemlich warmes Wasser kam,
weswegen sie wenig benutzt wurde. Wenn ich
die Augen schließe, sehe ich mich nackt unter
dem warmen Wasserstrahl stehen und hinter
mir den Mann mit dem DLRG-T-Shirt, der
in der Hochsaison den Bademeister beim

Aufpassen unterstützte. Er presst sich an mich, fasst mir mit einer Hand an die Brüste und mit der anderen zwischen die Beine. Das Gewicht seines Oberkörpers drängt mich nach vorn, und dann spüre ich schon, wie er in mich eindringt und sein Finger zwischen meinen Schamlippen auf und ab rutscht. Je nach Tageslaune gesellt sich noch der Bademeister dazu oder die kleine Italienerin vom Eisstand. Ist es zu heiß und der letzte reale Fick zu lange her, artet die ganze Geschichte in einen orgiastischen Gang-Bang aus, an dem sich das gesamte Freibad beteiligt inklusive des japanischen Fremdenführers aus dem New-York-Urlaub, den ich erst zehn Jahre später traf und der deshalb eigentlich in eine andere Kopfkino-Produktion gehört.

Es hilft also alles nichts: gegen die Schwüle der Sommernächte kann man sich nicht wehren, da muss man sich das feuchte Laken vom Körper ziehen wie eine Haut und sich einen fremden Körper suchen, an dem man saugen kann, bis der Durst nachlässt. Draculine on Tour sozusagen. Glücklicherweise ist das kein großes Problem, denn vielen nächtlings wie untot um den Block tapernden Gestalten geht es ähnlich. Die Hunde wundern sich, dass sie schon wieder Gassi gehen sollen, aber Herrchen will raus, gucken, anfassen, jagen. Und so trifft und findet man sich, bleibt man stehen bei jemandem und sagt ein paar Sätze, damit klar ist, worum es geht, damit es kein Sommernachts-Albtraum wird. In dunklen Hauseingängen, Toreinfahrten oder Fluren ist es auch gleich kühler als auf dem geschmolzenen Asphalt der Straßen. Namen spielen keine Rolle, denn *La dolce vita* war immer schon anonym. Die Chemie muss halt stimmen – und die Temperatur. Die beste ist 37°, heiß und feucht, denn das ist nicht nur das durchschnittliche Mösenklima, sondern auch der Siedepunkt, an dem die Hemmungen fallen und damit genau die richtige Zeit für eine neue TV-Show: *Deutschland sucht den Supersommer*. Das Casting läuft.

Das Jungsding

Dass Männer etwas anderes wollen als Frauen, wissen wir ja nicht erst seit Loriot. Soweit alles in Ordnung, finde ich. Wenn wir alle dasselbe denken und fühlen würden, könnten wir uns zu einer riesigen Masturbationsparty treffen und den Sex zu zweit gleich abschaffen, denn das berühmte Prickeln lebt ja davon, dass man fremde Welten entdeckt und mit WARP-Antrieb Regionen erforscht, in der noch nie zuvor ein Mensch gewesen ist, um fremde Planeten und fremde Lebewesen kennen zu lernen. Und Männer sind ziemlich fremde Lebewesen, die können es mit jedem grünhäutigen, rüsselnasigen Schleim-Alien aufnehmen.

Zum Beispiel ihr Verhältnis zu Highheels. Frauen lieben Schuhe, und sie kaufen ständig welche. Aber nicht etwa, weil wir es kaum abwarten können, unsere Füße in noch höhere, noch mehr scheuernde Riemchenpumps zu quetschen, sondern weil Schuhe gnädig sind: Die Schuhgröße verändert sich mit schwankendem Gewicht nur minimal. Für ihre Schuhgröße kann frau nichts, und keine zickige Verkäuferin wird angesichts eines Riesenlatschens bemerken, man solle es doch mal mit einem Problemzonen-Workout versuchen. Ich ziehe regelmäßig los, um eine Jeans zu kaufen – und kehre mit Schuhen zurück. Dazu kommt, dass man sich in hohen Hacken tatsächlich königlich und sexy fühlt, allerdings nur so lange, bis der Schmerz überhand nimmt. Wundgescheuerte Fersen, blutleere Zehen, blaue Druckstellen und zerfledderte Fußsohlen sind definitiv nicht lustfördernd. Also Männer, erspart euren Frauen entweder das folternde Schuhwerk oder führt die Sänfte wieder ein, damit wir herrschaftlich von Club zu Club geschaukelt werden können, wie es einer Sandalenkönigin gebührt, am besten getragen von vier halbnackten, gut gebauten Bollywood-Stars mit wuschligem schwarzen Haar (aber das ist ein anderes Thema).

Oder ihr schafft eurer Liebsten Sex-Pumps

an. Die dürfen hoch, unbequem und lebens-
gefährlich sein, da man sie nur im Liegen
umschnallt. Übrigens geht nichts über eine
ausdauernde Fußmassage nach oder vor dem
Sex oder ein Saugen und Lecken des Spanns
oder der Mulde unter der Sohle, aber auch
das ist ein anderes Thema.

Generell nicht zu empfehlen sind Stöckel-
schuhe, wenn man es auf einem Wasserbett
treiben möchte. Ich erinnere mich an ein
wildes Geknutsche mit diesem süßen Hotel-
barkeeper. Halb in und halb aus den Klamotten wollte ich mich gerade seiner pianisten-
ähnlichen Fingerfertigkeit überlassen, als es
an meiner Hüfte plötzlich feucht wurde. Ich
hielt schon den generösen Standardsatz für
solche Fälle bereit (»Das kann jedem mal pas-
sieren«), als er mich entgeistert fragte: »Hast
du in die Hose gemacht?« Das ist nun eine
von den Fragen, die keine Frau gerne hört,
also sprang ich hoch und er auch, und dann
gab es schon ein hässliches Geräusch, einen
irgendwie einem Erbrechen ähnlichen Blubb
unterm Laken, und ein großer Fleck breitete
sich auf dem Mako-Satin aus. Schuld, so

haben wir das rekonstruiert, waren meine reichlich scharfkantigen Pfennigabsätze.

Es muss ja nicht immer gleich in Vandalismus oder Körperverletzung ausarten – auch andere Vorlieben von Männern sind merkwürdig. Dieser Fetisch-Tick mit den langen Haaren zum Beispiel. Ich kann verstehen, dass man gerne darin herumwuschelt oder sie sich versonnen um den Finger wickelt, aber sie müssen doch auch zur Frau passen. Ich sehe mit langem Haar aus wie eine Mischung aus Vetter Itt von der Addams Family und dem Angora-Meerschweinchen Godzilla, das ich als Kind hatte. Als wäre auf meinem Kopf ein großer Pinsel explodiert. Also trage ich sie kinnlang, lang genug, um sie über die Haut gleiten zu lassen, wenn ich über einem Mann knie und mich langsam südwärts küsse. Trotzdem höre ich von fast jeder Verabredung irgendwann den Spruch: »Lass doch mal wachsen.« Wieso? Damit sie mich daran ponyartig herumzerren können wie in besonders dämlichen Pornofilmen?

Das Übelste aber ist mir neulich im Internet begegnet: Pole-Dance. Diese epileptisch zuckenden Verrenkungen an einer Stange, die man aus Bars kennt. Mich befremdet dabei nicht, dass Männer gerne sehen, wie sich sportliche Mädels an kaltem Metall schubbern und es wärmend zwischen ihre heißen Schenkel nehmen, sondern dass Männer versuchen, Frauen einzureden, dass in Wirklichkeit sie selbst das wollen. Weil es das Selbstbewusstsein stärken soll! Weil es ein gutes Bauch-Beine-Po-Training ist! Weil es Spaß macht! Jungs, habt ihr sie noch alle? Auf dieser Internetseite, die Kurse in dieser »Sport«-Art anbietet, heißt es: »Durch die anmutigen und ästhetischen Bewegungen verbessert Dance' n' Strip zusätzlich die Haltung, Flexibilität und die Eleganz der Teilnehmer.« Und weiterhin wird erläutert, es »verbindet auf einzigartige Weise originale Striptease-Bewegungen mit klassischen Jazztechniken«. Klar, darum sehen Männer gerne dabei zu. Weil sie die Umsetzung klassischer Jazztechniken so schätzen.

Es geht völlig in Ordnung, seinem Liebsten etwas zu bieten, was ihn anturnt. Nur ist das Bett keine Sparkasse, wo alles auf den Cent genau gegengerechnet wird. Machst du's mir französisch plus Dildo, strip ich für dich, solche Vereinbarungen sind zwar immer gut, aber man kann sich ja auch mal etwas schenken im Bett. Und wenn er gerne sieht, dass ich wie eine Rinderhälfte an einem Fleischerhaken hänge und dabei hinternschwingend im Ghettoslang vor mich hin schimpfe: bitte schön. Aber habt doch Respekt vor unserem Hirn und erzählt uns nicht, wir würden das für uns selbst tun. Pole-Dance ist ein Jungsding! Ich würde ja auch nicht einem Mann erzählen, hey, du weißt doch, du siehst dir rasend gerne die neueste Jane-Austen-Verfilmung an, weil du eine tiefe Sehnsucht danach hast. Quatsch, er muss es tun, wenn er hinterher im Auto auf dem Kinoparkplatz fummeln will. Man kann es nicht zerreden und nicht beschönigen: Männer und Frauen sind verschieden. Das merkte ich neulich wieder, als ich mit Freunden an einer Autowaschanlage vorbeikam und wir uns gegenseitig unsere Waschstraßen-Phantasien erzählten.

Die weibliche Variante geht so: Sie und der

melancholisch tiefsinnige Literaturdozent (der natürlich Haare hat wie ein Bollywood-Star) sitzen im Auto, haben, sobald der Schaum kommt, leidenschaftlichen Sex, als gäbe es kein Morgen mehr, seine Blicke sind bewundernd und fassungslos wegen ihres göttinnengleichen Körpers, und nachdem multiple Orgasmen beide durchgeschüttelt haben, zaubert er einen Diamantring aus seinem Designerjackett und fragt hauchend, ob sie ihn auf sein transsylvanisches Schloss begleitet.

Und jetzt das Jungsding: Er sitzt in seinem maßangefertigten sonderausgestatteten Porsche, während draußen barbusige heuschreckenbeinige Pole-Dancerinnen den Wagen einshampoonieren, mit ihren hüftlangen Haaren, versteht sich. Als sie ihn stöhnend und gurrend aus der Waschstraße schieben, stehen draußen sein Chef, sein Vater und ein Dutzend ehemalige Schulkameraden, von denen er die beiden, die immer schon größer waren als er, beim röhrenden Start seines getunten Porsches einfach überfährt.

Pssst! Diskretion bitte!

Seit gestern weiß ich, dass sich das Schamhaar meines Nachbarn in einer gekräuselten
Tribal-Tattoo-Form aus seiner Shorts erhebt,
bevor es sich dann wie ein Filzlaus-Trampel-
pfad zum Bauchnabel hin verengt, um dort
einen Stonehenge-ähnlichen Kreis aus besonders langen borstigen Haaren zu bilden,
die auch noch penetrant süßlich nach Ver-
wesung müffeln, wenn dieser Bauch aus
Versehen zu nahe an die glühende Grillkohle
herankommt und der magische Haarkreis
abfackelt.

Ob es die unvermutete Wärme war oder
der Klecks Mayonnaise, der sich aus dem
Brustpelz wie eine fettige Lawine nach unten
bewegte und sich im Haardickicht verfing,
weiß ich nicht, jedenfalls griff mein Nachbar
beherzt in seine Shorts, fand dort seinen
bleichgesichtigen und irgendwie malade vor
sich hin hängenden Kumpel, hielt dessen

Köpfchen nach draußen und rief unter dem Gegröle seiner umstehenden Freunde »kuckuck«.

Mein Nachbar heißt übrigens Andi, wahrscheinlich die Abkürzung von Neanditaler. Ich möchte hier nicht wieder das alte Klagelied anstimmen, dass ich nicht verstehe, wieso Männer es schön finden, mit einem Pelz zwischen Gehänge und Brust herumzulaufen, der aussieht, als hätte man einen plattgefahrenen Iltis von der Autobahn gekratzt und sich auf den Bauch getackert. Jeder soll sich schließlich frei entfalten dürfen, und wenn mein Nachbar gerne beim Grillen sein böklunderbleiches Teil entblößt und herumzeigt, damit die Jungs mindestens eine halbe Stunde lang Witze über Bratmaxe reißen, bitte. Was mich allerdings stört, ist, dass ich dabei zwangsspannen muss. Zwischen unseren Balkonen gibt es keinen Sichtschutz und auch keine Möglichkeit, einen anzubringen. Seiner liegt etwas tiefer, so dass ich wie die beiden alten Opas aus der Muppetshow immer in der Loge sitze, wenn er wieder seinen Kratz-Tanz aufführt oder versucht, seinen

Sack durch die beiden Hinterbacken hindurch von hinten zu juckeln, weil ihn da (Zitat) »eine schwule Mücke angebohrt« hat.

Ich hätte ja nie gedacht, dass ich mal mit meiner strengen Großmutter (vor deren Charme sich der Wolf im Märchen winselnd verkrochen hätte) einer Meinung sein würde, aber: Körperliche Vorgänge gehören nicht in die Öffentlichkeit. Nicht real und auch nicht als Live-Reportage. Von Nahrung kann man ja gerne reden, solange sie sich außerhalb des Körpers befindet. Ich will weder wissen, welche säuerliche Flüssigkeit sich schlückchenweise durch die Speiseröhre nach oben drängt, noch welcher Brocken Unverdauliches in den Gedärmen hängt. Und vor allem beim Thema Sex möchte ich mit Dieter Nuhr ausrufen: »Einfach öfter mal die Fresse halten!«

Jetzt wundern sich wieder welche, oha, eine Sexautorin, die verbale Keuschheit predigt? Eine, die Wörter wie »Möse« und »ficken« in jedem fünften Satz verwendet, eine, die die Analreizung beim Cunnilingus für ein geeignetes Gesprächsthema bei der

Schwarzwälder Kirschtorte hält, und dann so ein Aufruf? Genauso ist es. Über Sex zu reden und über all die Lustbarkeiten auf Gottes wunderlicher Weide, bleibt ein aufregendes, immer interessantes Gesprächsthema. Höchstens, aber das ist dann wirklich das Maximum des mündlichen Exhibitionismus, rede ich noch über mich. Niemals aber würde ich in der Öffentlichkeit über den Körper meines Partners, seine Erregbarkeiten, Funktionen oder Sensibilitäten tratschen. Das hat nicht nur etwas mit Diskretion zu tun, sondern auch mit Loyalität.

Und ich schätze es erst recht nicht, wenn solche Dinge nicht nur berichtet, sondern gleich vorgeführt werden. Die Stimulation oder Hygiene der äußeren Geschlechtsorgane in der Öffentlichkeit ist nur bei dicken gestreiften Katern und sehr kleinen Mopswelpen sehenswert. Anders formuliert: Wer nicht in der Lage ist, sich selbst einen zu blasen, sollte sich auch sonst nicht aufführen wie ein Straßenköter. Weder real noch verbal. Bei fremden Menschen, die in großen Städten auf Grund der engen Bebauung in

Zwangskommunen zusammenwohnen (wie mein sich selbst grillender Nachbar und ich), sollte das selbstverständlich sein. Besonders gilt es auch in Beziehungen, vor allem in solchen, in denen die Beteiligten noch Wert auf den amüsanten Austausch von Körperflüssigkeiten legen.

Wer mal gesehen hat, wie sich der Partner die von den Füßen flitschenden Zehennägel mit der Küchenschere schneidet oder den Ohrenschmalz aus den Gehörgängen pult und anschließend an den Fingernägeln lutscht, der wird Schwierigkeiten haben, ihn sich bei der abendlichen Romantiknummer noch als Prinz Heißblut vorzustellen. Und wer bitte hat diese Unart erfunden, dass Paare hinter sich nicht die Toilettentür schließen? Ist das was Frühkindliches (»Mamamama, Poldi hatta Pupsi macht«)?

Ich bin ja sehr für die enthemmte Präsentation der Körperöffnungen beim Geschlechtsverkehr und habe vollstes Verständnis dafür, dass ein Mann gerne sieht, was er gerade leckt, oder dass es ihn anmacht zu beobachten, wie er einen Dildo in der Möse seiner

155

Partnerin versenkt. Wenn ich ficke, interessiert mich kein figurfreundliches Untenliegen, und ich beschäftige mich auch nicht mit der Frage, ob die Sonnenbank wohl wieder diesen albernen Schmetterling zwischen Pofalte und Oberschenkel hingezaubert hat. Aber jenseits von fröhlichem Gevögel und feurigem Geficke behalte ich meine Körperfunktionen wirklich gerne für mich. Ich wechsle keine Tampons in der Anwesenheit meines Partners, enthaare mir nicht die Pospalte beim Fernsehen im Wohnzimmer und kläre ihn auch nicht über Form und Konsistenz meiner Hinterlassenschaft in der Kloschüssel auf. Während es bei Männern häufig Vollzugsmeldungen sind, wie toll sie diese Frau gepimpert haben oder wie groß das Ei war, dass sie drüben hinterm Busch gelegt haben, ist bei Frauen das Schlimmste diese totale Enthemmung unter dem Einfluss von Schwangerschaftshormonen.

Mädels?

Ist da bei euch noch mehr geplatzt als nur die Fruchtblase? Dinge wie Dammschnitt, Milcheinschuss oder Pilzinfektionen sind mitnichten anregende Konversationsthemen. Eine Freundin von mir (Marketingleiterin, Hobbyklarinettistin, Mitte dreißig) holte neulich beim Essen mit Freunden eine durch die allerjüngste Fortpflanzung wirklich beeindruckend gewachsene Brust hervor – und spritzte kichernd über den gesamten Esstisch, um zu demonstrieren, wie viel Power hinter der Muttermilch steckt. Ich glaube, ich muss ihr mal jemanden vorstellen, denn seit diesem Abend ist sie solo. Den Andi von nebenan. Könnte passen.

Wie entsorge ich einen Mann?

Der Sex war okay. Nur zweimal habe ich dem Typen sagen müssen, dass ich die Klitoris gerne von unten gekitzelt bekomme, und die Verhandlungen, ob das Sperma geschluckt werden muss oder nicht, liefen auch zivilisiert und höflich ab. Er duschte vorher kommentarlos und verkniff sich auch jeden dummen Spruch über Oberschenkeldellen. Hinterher hat er sogar freiwillig noch ein bisschen was gesprochen und die romantische Nase-ins-Haar-und-Duft-gelobt-Nummer gegeben. Jetzt schläft er neben mir und schnarcht nicht mal. Trotzdem: Er stört. Ich kenne seinen Nachnamen nicht, und der interessiert mich nach sexuellem Vollzug genauso wenig wie seine Zahnarztakte. One-Night-Stand-Bekanntschaften sind wie Bela Lugosi als Dracula: Im Halbdunkeln sind sie am attraktivsten, das Gebissenwerden ist mitunter durchaus ekstatisch, aber im ersten

Morgenlicht muss er weg. Zurück in seinen Sarg oder wo er sonst zu Hause ist, sonst zerbröselt er vor meinen Augen zu einer halbverrotteten Zombie-Mumie, die man wie den Fluch des Pharaos nie wieder loswird. Nach Phase eins (anpeilen) und Phase zwei (abschießen) kommt jetzt also Phase drei: entsorgen. Schnell, effektiv, ohne Gegreine und Diskussion. Gute Erfahrungen habe ich damit gemacht, dem Happy-Hour-Stecher den Ellenbogen in die Seite zu rammen und im Dunkeln panisch zu flüstern »Vorsicht! Das Terrarium ist offen. Roll dich nicht auf meine Vogelspinnen! Maria und Margot fremdeln gerade etwas!« Und dann muss man ganz leise flöten und ihm nett erklären, das sei der Paarungslaut, und ich müsste sie immerhin wieder einsammeln. Sehr schön ist auch die Variante, ihn so lange anzupusten, bis er hinaufdämmert, und dann zu flüstern: »Ach ich bin ja so glücklich. Und Mama wird sich auch freuen, wenn sie dich gleich kennen lernt. Ich habe sofort gewusst, dass du der Richtige bist. Lass uns doch mit ihr zu Opa Werner ins Heim fahren und da frühstücken.« Freundinnen von mir finden meine Trennungs-Inszenierungen allerdings oversized und behaupten, beständiges Pupsen oder Rülpsen im Schlaf, unterbrochen von hohem Gekicher und Gebrabbel mit deutlichem Sabberfaden am Kinn, dazu noch gelegentlichen wahnsinnigen Seufzern wie »nicht die Körperöffnungssonden« oder »pack den Pilz beim Wanst« würde auch schon den gewünschten Erfolg bringen und einem außerdem sämtliche Abschiedsfloskeln ersparen. Aber ich finde immer, ein bisschen Phantasie und Humor hat jemand, der mir Orgasmen verschafft hat, verdient.

Eine ganz andere Dimension bekommt eine Trennung sowieso, wenn man nicht auf drei gemeinsame Stunden, sondern vielleicht auf mehrere Jahre zurückblickt. Ein großes ungelöstes Rätsel der Menschheit ist ja, warum Männer es prinzipiell nicht merken, wenn sich eine Beziehung zum Sterben niederlegt. Auch Fäulnisgase oder die Leichenbittermienen der Mitmenschen bringen sie nicht auf die richtige Fährte. Gut, die Frau rasiert sich nicht mehr unter den Achseln, weigert sich, ihn zu küssen, kichert mit Freundinnen angesichts südeuropäischer Kellner, masturbiert deutlich hörbar im Bad und ist im Bett selbst zum Kuscheln zu müde, sie kauft nur noch Schinken ein, obwohl er Vegetarier ist, und markiert im Reisekatalog die Singleclubs – aber hat das wirklich was zu sagen? Trennt sie sich dann tatsächlich, fällt er aus allen Wolken und hat von nichts was geahnt. Zurück bleiben zwei Kriegsversehrte: Er, weil sie gegangen ist, und sie, weil sie ihm offenbar so unwichtig war, dass er es nicht mal gemerkt hat.

Wenn man sich nicht gerade in eine Nonne oder in Tarzan aus dem Dschungel verliebt, kauft man eine neue Beziehung immer in der praktischen Vorratspackung: der begehrte Mann oder die angehimmelte Frau plus sämtliche ihrer Exbeziehungen. Im Grunde ist jeder Sex zu zweit ein gigantischer paranormaler Rudelbums. Denn nicht nur Hildegard und Horst liegen miteinander im Bett, sondern unsichtbar dabei auch Hildegards Exmann, ihr Freund aus Kindertagen, mit dem sie schüchtern die ersten Fummelspiel-

161

chen probiert hat, die entfernte Tante, in die sie mal verliebt war, der One-Night-Stand von der Tagung aus Oer-Erkenschwick, der miese Nachbar, der von Liebe sprach und doch nur poppen wollte, die heiße Swinger-club-Bekanntschaft, dessen Namen Hilde-gard im lauten Gestöhn nie wirklich verstan-den hat, der einzige Popofick ihres Lebens und sogar der nette Chef, mit dem es nur fast zu Handgreiflichkeiten gekommen wäre. Auf Horsts Seite tummeln sich mindestens ebenso viele Exfreundinnen, Gespielinnen und Playmates aus klebrigen Jungmänner-träumen. Die alle fickt man mit. Und wenn irgendeiner von denen Mist gebaut hat (und davon kann man ausgehen, sonst wären sie schließlich nicht ex), dann ratet mal, wer das jetzt ausbaden darf: die aktuelle Beziehung. Das hat schon was von demokratischem Karma, reihum büßt jeder für die Sünden seiner Vorgänger. Da hilft kein Ghostbuster-Staubsauger und keine Antischizo-Therapie, seine Vergangenheit wird niemand los, im schlimmsten Fall schleppt man sie als erdrü-ckende Last auf dem Buckel, im besten sind es Erinnerungen an ekstatische Erfüllung, die einen tragen wie spermawarme Wogen oder ein Pulk gut gebauter Latex-Sklaven.

Der größte Blödsinn überhaupt ist dieses »Wir bleiben Freunde«. Was soll das? Die meisten Paare sind nicht mal miteinander befreundet, während sie sich lieben. Hinterher macht das schon gar keinen Sinn mehr. Ich will jedenfalls keinen Exlover als Freund. Wenn es nach mir ginge, würde Exfreunden der Abschiedsbrief direkt mit einem Umzugswagen zugestellt. Raus aus meinem Herz und meinem Bett, aus den Augen, aus dem Sinn, aus der Stadt, in der ich wohne, einfach raus aus meinem Leben.

Was aber soll man mit den Verflossenen machen? Auch wenn ich es gerne hätte: Man kann sie ja nicht alle in der Wüste Gobi Wasserlöcher graben oder in der Klappse Einkaufsbeutel mit Kartoffeldruck verschönern lassen. Exfreunde machen überhaupt keinen Sinn. Durchgeheulte Nächte, Casablanca-artige Trennungsszenen, aus dem Fenster geworfene Fernseher oder zerschnittene Kleidung, Spionageaktionen in Hotelbars, ausgeklügelte Rachepläne, so was braucht man nicht. Das taugt höchstens als Romanstoff. Schriftstellerin müsste man sein. Oha, das bringt mich auf eine Idee . . .

Ravioli und Beowulf

Es war Sommer, wie Peter Maffay so schön schnulzig singt, und ich das erste Mal im Leben mit einem Jungen auf dem Rücksitz eines Autos. Eines kleinen Autos. Eines sehr kleinen Autos. Gefühlte Raviolidosengröße. Und während sich mein leicht nach Axe müffelnder Begleiter bis zum Reißverschluss meiner Jeans vorarbeitete, verklemmte sich mein Fuß schraubstockartig unter dem Vordersitz. Zehn Minuten später waren die Fenster der Raviolidose glitschig von unserem Gekeuche, was weniger von der großen Leidenschaft herrührte als davon, dass wir uns so anstrengten, eine Position zu finden, die nicht ganz so schmerzhaft war wie die letzte. Schließlich kniete ich rittlings über ihm und stieß bei jedem Hüpfer mit dem Hinterkopf gegen das Aluminiumdach. Als ich langsam um meinen Rest-IQ fürchtete, bog ich mich zurück, wobei mir die Gangschaltung fast das Rückenmark punktierte und ich mir den ersten Hexenschuss meines Lebens holte, als ich meinen Fuß auf der Hutablage abstellte, wobei ich mich so erschreckte, dass ich aus Versehen die Handbremse löste. Der Wagen fing an zu rollen und bumste mit einem erstaunlich lauten Knirschen gegen einen Metallpfosten, woraufhin mein Begleiter mir im ersten Schock in den Busen biss. Die Narbe seiner Schneidezähne habe ich immer noch, und bis zum heutigen Tag kann ich keine Ravioli essen.

Nach diesem Erlebnis hat sich meine Begeisterung für Sex an ungewöhnlichen Orten verändert. Ungewöhnlich dürfen sie immer noch sein, aber nicht beweglich. Und rückengerecht hätte ich es auch gern, denn einer Frau, die zusammengeklappt ist wie ein Schweizer Taschenmesser, fehlt wirklich jede Anmut. Einige Jahre später: neuer Mann, neuer Ort. Wir waren das erste Mal zusammen im Urlaub und hatten uns den Balkon ausgeguckt. Unter uns tobte eine Party am Pool, der Balkon war von den Nachbar-Apartments aus nicht einsehbar, wundervoll.

Wir fummelten uns warm und fickten ein bisschen in der Hündchenstellung, bis mir meine Kniescheiben zu schaffen machten und ich mich auf den Rücken drehen wollte. Hätte ich das bloß gelassen. Denn als ich so dalag und rhythmisch gestoßen in den sternenübersäten Mittelmeerhimmel sah, sah ich auch sie. Die Truppe leider nicht ganz betrunkener Iren auf dem Balkon schräg rechts über uns. Manche mit Fernglas bewaffnet, andere wie im Delirium grölend mit Smileygesichtern, eine Horde Paviane, die nach langer Dürre eine Banane entdeckt hatte. Leider gehörte die meinem Freund und schrumpfte augenblicklich auf Cornichongröße, als ich ihn auf unsere Fans aufmerksam machte. Wir versuchten so schnell es ging ins Zimmer zu flüchten, und ich stieß mir im Wegrobben die ohnehin lädierten Kniescheiben an der Schiebetür-Umrandung. Dem Arzt erzählte ich, ich sei eine begeisterte Yoga-Anhängerin, und er nickte verständnisvoll und murmelte etwas von gesundem Geist in gesundem Körper.

So schnell, schwor ich mir, würde ich mich

nicht mehr in der Öffentlichkeit nackig machen, und hatte deshalb auch keinerlei Bedenken, als mich ein Blinddate fragte, ob ich zu unserer Dinnerverabredung nicht ohne Höschen in das Edelrestaurant kommen wolle. Wir saßen uns in perfektem Abstand gegenüber, die Tischdecken waren lang und schwer, er litt nicht unter Fußgeruch und war mit seinem großen Zeh ausgesprochen artistisch. Er war der Beowulf der Fußerotik. Schon während der gratinierten Krebse war ich feucht wie Nordseeschlick, und beim zweiten Glas Champagner floss ich fast über, während sein Zeh meinen Kitzler verwöhnte. Ich kippte ein bisschen mit dem Stuhl nach hinten und verlagerte das Gewicht nur eine Winzigkeit, um den Massagewinkel von wunderbar in ekstatisch zu verändern, als der Stuhl unter mir nachgab und ich mit einem comicartigen Katschumpf hinterrücks auf den Boden aufschlug. Göttinseidank war ich durch den Aufprall so benommen, dass ich gar nicht merkte, dass mein weiter Minirock mitgeweht war und sich meine Möse und die vorbeigetragene Crème Brulée Hallo sagten.

Das hat mir der Kellner erzählt, als er mir in den Mantel half und mich informierte, dass ich mir in Zukunft bitte ein anderes Lokal für meine Dates aussuchen solle. Sobald heute mein damals ausgerenkter Nackenwirbel knirscht, muss ich an gratinierte Krebse denken und nehme die Knie zusammen. Dass man durch Schaden klug wird, mag ja sein, aber es gibt so viele Möglichkeiten, zu Schaden zu kommen, dass man mit dem Klugwerden ein ganzes Leben verbringen kann. So habe ich zum Beispiel inzwischen gelernt, dass man keinesfalls während einer Familienfeier dem Freund einen blasen sollte, während der nostalgisch auf seinem alten Hochbett sitzt. Weil er sich nämlich, sobald Tante Mechthild hereinkommt, dermaßen erschreckt, dass er vom Bett rutscht und mich unter sich begräbt (verstauchtes Handgelenk). Auch sollte man sich nicht zu zweit in einer Badewanne tummeln, in der sich schon ein Erwachsener fühlt wie lebendig eingetuppert (Bluterguss an der Hüfte), und auch im nicht benutzten Gymnastikraum eines Hotels sollte man sich keineswegs an eine durchaus stabil aussehende

Reckstange hängen, um es im Stehen zu treiben, weil die garantiert zusammenbricht und einem auf dem Kopf schlägt (Platzwunde), und zwar noch bevor es einem gekommen ist.

Müssen es also unbedingt ungewöhnliche Orte beim Sex sein? Ganz klar ja. Hin und wieder. Zwar ist langweiliger Sex auch auf der Rolltreppe des Einkaufszentrums oder in der Warteschlange vor dem Vatikan langweilig. Aber normal guter Sex bekommt in einer neuen Umgebung einfach einen Extrakick, und Sexblessuren muss man stolz wie eine nubische Kriegerin ertragen. Außerdem ist es zu Hause auch nicht ungefährlich. Da wird mir als Belohnung für eine fertige Kolumne ein ausgedehnter Cunnilingus am heimischen Schreibtisch offeriert und, zack, klemm ich mir den kleinen Finger im Höhenverstellungshebel des Chefsessels ein. Jetzt muss ich erst mal mit neun Fingern weitertippen. Aber wenigstens hat mich diesmal niemand gebissen.

Berühren, belecken, besteigen.
Sex-Sightseeing in drei Metropolen

Wenn der Amerikaner mal Sex hat – also *falls*, denn meistens ist er ja damit beschäftigt, Burgerbrat-Filialen in der Wüste Gobi zu eröffnen, direkt mit dem Herrgott über die Rechtmäßigkeit von Teenagersex zu verhandeln oder irgendjemanden zu verklagen, der vergessen hat, auf seinen Autoreifen den Hinweis anzubringen, dass diese nicht zum Verzehr geeignet sind – wenn also der Amerikaner endlich mal Sex hat, salutiert er zuerst vor den Stars & Stripes, um die entfernt stationierten Truppen zu unterstützen, trinkt dann eine eiskalte Diätcola zur Förderung der Wirtschaft und betrachtet anschließend lange das Konterfei seines Präsidenten, damit ihm die eheliche Pflicht wenigstens keinen Spaß macht.

Das sind natürlich alles dumme, gemeine Vorurteile, die mit der Wirklichkeit nicht das

Geringste zu tun haben. Oder? Wenn ihr wissen wollt, wie das Land so drauf ist, in dem ihr gerade seid, dann seht euch ihre Erotik-Museen an. Es gibt keins? Das wäre ja auch eine Aussage.

Ich jedenfalls liebe Erotik-Museen, denn sollte es irgendetwas zwischen Fummeln und Ficken geben, was man noch nie wissen wollte: Hier erfährt man es. Also machte ich mich auf einen ganz privaten Pilgerweg von Berlin über Hamburg nach Kopenhagen und schließlich New York, um mir die Liebesbräuche fremder Völker anzusehen. Eines kann ich gleich sagen: Unter den possierlichen Rammlern ist der Amerikaner der Exot.

Über Deutschland lässt sich schnell alles Wesentliche berichten: Da gibt es eines in Berlin am Bahnhof Zoo und eines in Hamburg, fußläufig zur Reeperbahn.

Die Sammlung des Berliner BEATE UHSE EROTIKMUSEUM zeigt hauptsächlich Nippes (winzige Pimmelchen aus Elfenbein, die sich beim Zuklappen des Kleinods in winzige Mündchen versenken u. ä.), einige Filme aus der Zeit, wo die Bilder laufen und Großmama blasen lernte, und vor allem Devotionalien aus der Firmengeschichte der rührigen Frau Beate U. aus F., die beweisen, dass Krokolederhandtaschen eine Menge vom patenten Pimpern verstehen. Das könnte auch das Motto des Museums sein, denn hier lernt man, wie es geht, wenn es nicht mehr ganz so gut geht. Und konsequenterweise fügt sich an die Ausstellungsräume nahtlos der Shop an, wo man alles käuflich erwerben kann, was rappelt und zappelt, sobald man eine Batterie reinschiebt – und damit meine ich nicht meinen schwulen, hyperaktiven Nachbarn nach der vierten Tasse Espresso. Kegelclubs und Hausfrauen auf schüchternen Abwegen sind hier bestens aufgehoben, wirklich schockierend ist rein gar nichts, und der Shoppingbummel durch die Welt der Flutschgels und essbaren Tangas lässt sich prima als Sightseeing-Trip tarnen.

Das EROTIC ART MUSEUM in Hamburg dagegen widmet sich dem anderen Kulturgut unseres Landes, denn immerhin sind wir ja die mit den Dichtern und Denkern, und neben der Bildung haben wir auch noch reichlich Kunst zu bieten. So findet man in dem wunderbar wrackig restaurierten Speicherhaus über tausend Gemälde, Stiche, Fotografien und Zeichnungen zwischen wow und wasistdasdenn. Jan Saudeks auf den Buckeln rachitischer Mädchen masturbierende Zwerge haben hier schon genauso gehangen wie Illustrationen zu Werken der erotischen Weltliteratur. Wer schmieriges Ambiente und Wichskabinen erwartet, ist auf dem ganz falschen Dampfer. Denn auch wenn man den einen oder anderen Finger in der einen oder anderen Möse stecken sieht, so besteht doch beides immer aus Kohlestift, Pastellkreiden oder Öl. Ich würde mal sagen: perfekt für das zweite oder dritte Date, bei dem man sich ja freut, wenn es neben viel Hirn langsam mal ein bisschen Unterleib gibt.

Die Dänen sind hier schon ganz anders drauf. Da geht es nicht um Erotik, auch weniger um Kunst, sondern um Sex. Das ist erfrischend und saftig, dänisch eben. Das MUSEUM EROTICA in der Fußgängerzone Kopenhagens hat nichts mit Ehehygiene oder Fortbildung zu tun, sondern mit Lust an der

Lust. Das schätze ich ja sowieso sehr am Sex:
Sex ist die demokratischste Sache, die es gibt.
Egal wie hässlich oder pervers man ist, man
trifft immer noch einen, der genau darauf
steht. Und die Dänen finden das offenbar gut,
denn sie zeigen sich als fröhliches, friedvoll
fickendes Völkchen mit einer bisweilen an die
Grenze des Erträglichen gehenden Toleranz.
Begrüßt von einem goldenen Riesenpenis
schlendere ich durch die großen hellen
Räume, vorbei an lebensgroßen Szenen aus
Fanny Hill und griechischen Vasen, auf
denen gerammelt wird, als würde es in späte-
ren Jahrhunderten verboten. Ich sehe mir
alte Pornofotos an, begutachte eine Auf-
nahme des weltlängsten Penis und informiere
mich über die Dauerbrenner der dänischen
Dildo-Industrie. Schwule Pornographie, so
lerne ich, ist auch nicht intelligenter, originel-
ler oder geiler als heterosexuelle. Es gibt das
gleiche Augenzusammenkneifen und Stöhnen, als müsste der, der unten liegt, gerade
einen Basketball gebären. Anabolikagemäs-
tete Popeyes stopfen erbärmlich knickende
halberektive Fleischwürste in wundrote Öff-

nungen. Die Münder werden genauso zu Maulsperrenschnütchen geformt wie bei Muschimandy und Co., als sollte ein Dentist den Zahnstein an den Schneidezähnen entfernen. Und auch hier behalten die Jungs ihre Schuhe im Bett an und werden in die Brustwarzen gekniffen. Pornostar zu sein ist offenbar nie wirklich lustig, egal auf welchem Ufer man herumhüpft. Nachdem ich die Transvestiten und die Geschlechtskrankheiten hinter mir gelassen habe, erwartet mich ein etwas separierter Bereich, in dem die abwegigen Dinge auf Fotos und in Filmen zu sehen sind. Ein Mädchen gönnt einem Pony eine Fellatio, ein anderes Mädchen wird von einem Hund geleckt, und ein Mann fickt ekstatisch ein Huhn – immerhin 4,3% aller Sodomisten bevorzugen Geflügel, noch vor Schafen, was ich nicht ganz nachvollziehen kann (also so ein wolliges, warmes, leise blökendes Schaf... aber lassen wir das). Auf einer riesigen Fernseherwand im letzten Raum sieht man Dutzende Pornofilme durcheinander, hetero, lesbisch, schwul oder bi, im Rudel oder alleine, mit Spielzeug und ohne, und auch Lassie und Flipper sind wieder mit dabei. Der Däne also ist schon irgendwie merkwürdig, aber knuffig. Er hat wenigstens Spaß an dem, was er tut, selbst wenn man das in manchen Fällen gar nicht so genau wissen möchte.

Ein bisschen von der dänischen Leichtigkeit würde man den Amerikanern wünschen. Steht an der Eingangstür des NEW YORKER MUSEUM OF SEX noch das witzige Schild »Bitte die Ausstellungsstücke nicht berühren, belecken, streicheln oder besteigen«, geht es innendrin erst mal sehr merkwürdig weiter, und fast sehne ich mich zurück nach dem oral beglückten Pony aus Dänemark: Direkt am Eingang des ersten Raumes steht ein Vollgummifuß bereit (vielleicht eine Masturbationshilfe für Fußfetischisten mit Sozialphobie?), den man anfassen darf. Der mittlere Zeh wurde abgebissen. Was in dem Menschen vorging, der sich hier nicht zurückhalten konnte, oder ob die Knabberspur nur ein Gag des Museums ist und der Chef selbst die Zähne anlegte, damit seine Besucher was zum Kichern haben – wer weiß.

Allerdings frage ich mich das nur so lange, bis ich eine Ansammlung von Sexualpraktiken sehe, von denen ich – ich schwöre es – in den meisten Fällen noch nie gehört habe. Eigentlich müsste ich diese Reise als Fortbildung beim Finanzamt einreichen. Fesseln, herumpieseln, sich als Baby verkleiden und die Windeln einsauen – okay, kennt man. Vampirspiele mit Blut, Atemkontrolle mittels Gasmasken oder vor kleine Kutschen gespannte Frauen im Ledergeschirr (Pony Girls, da sind sie wieder, die Ponys), das kann man notfalls auch noch mit der Schwiegermutter erörtern. Etwas Mitleid aber hatte ich mit einem wuscheligen, niedlichen Plüsch-Waschbären, der auf einer Glasplatte saß, so dass man seine unten eingenähte Plüschmuschi besichtigen konnte. Die Vorstellung, wie sich ein kahlköpfiger, schwitziger Orthopäde mit Schmerbauch laut stöhnend an diesem flauschigen Viech vergeht, machte mich nicht gerade feucht.

Auch die Comics von drallen Strapsmaiden, die einander mit Sauce bestreichen, auf Gemüse anrichten und verspeisen, werden in meinen erotischen Phantasien wohl nie auftauchen. Geradezu verschaukelt fühlte ich mich dann bei den gezeigten Pornofilmen, in denen nackte Darstellerinnen in aufreizenden Posen Heliumballons zum Platzen bringen. Der Knall bringt den Kick, wenn ich das richtig verstanden habe.

Naja, falls das so funktioniert, ist es allemal billiger, als die blasende Berta von der Reeperbahn zu bemühen. Viel aufwändiger dagegen treiben es die Freunde von Frauen, welche sich als Clowns verkleidet vor Publikum die Mösen rasieren, während sie mit Torten beworfen werden. Als Liebhaber dieser Spielart braucht man schon einiges Equipment. Im Obergeschoss werden auf Bildschirmen allerhand erotische Filme vorgeführt, die so geschnitten sind, dass man eigentlich nichts sieht. Und immer dann, wenn ich mal etwas Erregendes entdeckt hatte, stand garantiert eine kichernde fünfzigjährige Amerikanerin neben mir, die ihre Tasche knetete, als wäre sie eine silikongefüllte und zu besamende Titte in einem dieser Pornofilme. Wirklich erwähnenswert aus der

Filmabteilung erscheint mir nur ein Lehrvideo, dank dessen Hilfestellung ich jetzt weiß, dass man auch mit über sechzig noch auf dem Kopf stehend zum Orgasmus kommen kann – obwohl mir das ehrlich gesagt bereits heute zu anstrengend ist.

Gleich darauf wird etwas gezeigt, das den Amerikaner wirklich interessiert: Fortschritt, Technik, Maschinen. Angefangen vom ersten Vibrator (groß wie eine Stahlkeule, hoffentlich sollte dieses Ding lediglich an der Klitoris vibrieren und nicht vaginal oder anal eingeführt werden) bis hin zur vollautomatischen, internetgesteuerten Rammelmaschine, einem Gynäkologenstuhl mit rotierendem und stoßendem Riesendildo, Brustwarzenklemmen und einem Monitor, auf dem dann hoffentlich etwas zu sehen ist, das einen vom industriellen Charme dieses Folterinstruments ablenkt. Für euch Jungs gibt es ein Ganzkörper-Ledergeschirr mit vibrierendem Penisfutteral und Dutzenden Kabeln, Drähten und Sensoren, mit dem jeder Heinz-Rüdiger zu einem spacig geilen Fick-Cyborg mutiert.

Bizarr ist diese Ausstellung, manchmal

politisch überkorrekt, in den besten Abteilungen interessant, aber eines nie: sexy. Während ich mir in Kopenhagen mit feuchtem Höschen auf der Unisextoilette eine Sightseeing-Pause gönnte und nachprüfte, ob das Klischee des blonden, großen, erotisch aufgeschlossenen Dänen wirklich stimmte (und der noch drei Tage lang zu sehende Abdruck des Wasserhahns auf meinem Hintern spricht dafür), ist im New Yorker Museum das heißeste der schwarze Mitarbeiter an der Kasse. Aber an dem hing leider keines der »touch here please«- Schilder.

Oversexed & underfucked

Da gibt es diese wunderbar erotische Szene in *Der Duft der Frauen*: Der blinde Al Pacino tanzt mit einer blutjungen Fremden auf eine Art und Weise Tango, dass man es kaum abwarten kann, wie sich sein Knie im langen Vorwärtsschritt zwischen ihre nylonbestrumpften Beine schiebt. Und dann diese andere Szene, die sich in schlaflosen Nächten oft in meine Phantasien drängt: die leicht verwackelte, reißerische Reportage eines Privatsenders, in der eine eher unattraktive nackte Frau in einem Swingerclub zu sehen ist, die dem Reporter kurzatmig erklärt, wieso sie sich so gerne hier auf der Spielwiese die Möse lecken lässt, und die sich dann ihre Vorstadt-Dauerwelle aus der Stirn pustet.

Beides macht mich an, obwohl die Qualität und der Grad der Erotik nicht unterschiedlicher sein könnten. Sex muss für mich nicht immer mörderromantisch und hollywoodartig sein. Einfach ficken ist auch nett. Auch mit Vorstadt-Dauerwelle. Eine sexy Atmosphäre beflügelt und macht Spaß. Hier und da ein geiles Detail, ein Busenansatz, ein schlüpfriger Kommentar, und schon vibriert alles. Ich bin ein großer Fan von dem unbestimmten Kribbeln zwischen zwei Blicken, von High Heels beim Behördenbesuch oder einer genießerischen Geste dort, wo vielleicht keine sein dürfte. Und von derartigen Anregungen und Appetizern gibt es eine Menge.

Wer sehen will, wie es in thailändischen Swingerclubs zugeht, braucht keine fünfzehn Stunden Flug in Kauf zu nehmen, er schaltet einfach Viva oder mtv ein und schon hat er sie, die minderjährigen, bestrapsten Bootie-Queens des Gewerbes, die nur noch pro forma »yeah yeah« ins Mikro hauchen. Die Cover der Fernsehzeitungen unterscheiden sich nur durch den fehlenden Dildo von Pornoblättern und in jedem Provinzsportstudio kann die geneigte Hausfrau strippen oder Tabledance lernen. Für Sex-Fans doch *eigentlich* paradiesisch. *Eigentlich* müsste man doch dauerwuschig sein bei so viel Anregung. In jedem Busch müsste sich ein wild verkeiltes Pärchen tummeln und die Ehebetten müssten in einem Dauerquietschen den ununterbrochenen Vollzug verkünden.

Und prompt schreien auch die Moralapostel auf: Wenn das die Jugend sieht! Die arme, dumme, so leicht zu verwirrende Jugend! Das ohnehin noch weiche Pubertätsgehirn völlig zermatscht vom Anblick einer erigierten Nippelarmada. Hilfe!

So ein Quatsch. Ich finde, alles was Jugendliche sehen wollen, sollen sie auch sehen dürfen. Und ich glaube kaum, dass ein wollüstiger Oralverkehr so jugendgefährdend ist wie der übliche Vorabendserienheld, der mit einer Maschinenpistole ein ganzes Dorf niedermäht. Auch Informationen aller Art, sei es über Eichelpiercing, Woll- und Strickfetischismus oder Rimming sollen sie kriegen. Aufklärung und Lust kann man als Teenie wie als Erwachsener gar nicht genug bekommen.

Aber die Verklemmten dieser Welt können sich abregen, denn von derartig lasterhaften Zuständen sind wir weit entfernt und der dauergeile Rudelbumms findet auch nicht statt. Im Gegenteil.

Denn die Wahrheit in deutschen Betten ist: Sexverweigerung. Tote Hose im Bett. Null Bock auf gar nichts. Fummeln? Nö, viel zu anstrengend. Viele meiner Freundinnen jammern darüber, unterfickt zu sein. In meinen Leserbriefen häufen sich Berichte von Menschen, die schon seit Jahren keinen Sex mehr hatten. Weil es sich nicht ergibt. Weil es zu stressig ist. Weil sie es peinlich finden. Weil sie sich, ihre Ecken und Kanten, Dellen und Dehnungen peinlich finden. Weil sie es verlernt haben. Und dann diese Hiobs-Umfragen: 70 % der deutschen Frauen sind mit ihrem Sexleben unzufrieden. »Drei von vier Männern wollen, dass im Bett endlich mal etwas weniger läuft«, meldete die ehrwürdige *Welt* und schließt noch an: »Jeder Fünfte hat Angst, dass seine Partnerin mehr Sex haben will.« Wie furchtbar!

Wo sind sie denn hin, die immergeilen nimmermüden Bullen? Alle in Buletten kleingehäckselt? Männer, findet ihr einen verschwitzten schlammverdreckten Olli

Kahn wirklich geiler als uns in French Slips?

Aber die Frauen sind ja auch nicht besser. Zwei meiner Freundinnen sind tatsächlich noch jungfräulich – und das nicht wegen religiösem Fanatismus oder einem dritten Auge auf der Stirn. Sie sind Mitte dreißig, attraktiv, witzig, nett – und asexuell. Job, Geld und Hobbys sind ihnen wichtiger als Orgasmen zu zweit.

Was ist denn da los im Land? Ist das ein libidinöser Overkill? Eine Art Sex-Bulimie? Immer mehr davon, bis es einem zu den Ohren wieder rauskommt? Kann es tatsächlich sein, dass zu viel Sex um uns herum ist? Haben all die Spießer und Spaßbremsen vielleicht doch recht? Das kann und will ich nicht glauben. Denn es ist doch so: Eine belgische Praline mit dem jungen Pierce Brosnan von zwei Seiten anzunuckeln, ist ja schon schön, aber ein erotisches Wannenbad in flüssiger Schokolade, in dem sich der junge Pierce Brosnan die Nougat-Tropfen von den Zehen lutschen lässt, ist doch noch viel besser, oder?

Die Quantität ist gar nicht das Problem,

sondern wie üblich die Qualität. Diese dummen Bumsmichbienchen in der Frischkäsewerbung und die immer gleichen entblößten Poritzen in den Videos hat man einfach irgendwann satt. Auch an Appetithäppchen kann man sich überfressen.

Mein Vorschlag wäre also: frei zugängliche, gut gemachte, gewaltlose und schweinegeile Pornos aller Gangarten auf speziellen Pornokanälen und dafür weg mit den grenzdebilen halbnackten Bauersmaiden aus der Frischkäsewerbung. Wer nicht will, schaltet einfach nicht ein, aber wer einschaltet, bekommt dann auch wirklich etwas zu sehen (oder glaubt wirklich jemand, dass es die allgemeine Moral erhöht, wenn man einen Möseneingang durch einen im Blickfeld stehenden Kaktus verbirgt, wie das in TV-Erotikfilmen üblich ist?)

Und sei es nur, damit man sich klarmachen kann, dass die wirklich scharfen Dinge im Leben woanders stattfinden. Nicht nachts auf RTL2, sondern im Zimmer nebenan, feucht, prall und warm unter der flauschigen, vielleicht sogar etwas spießigen Bettdecke.

SOPHIE ANDRESKY, geboren *1973*, lebt als freie Schriftstellerin in Berlin.

Buchveröffentlichungen: *Das Lächeln der Pauline*, 1997; *In der Höhle der Löwin*, 1998; *Feucht*, 2000; *Weihnachtsengel küsst man nicht*, 2002; *Tiefer*, 2003; *Im Dunkeln*, 2006; *Honigmond*, 2005. *Echte Männer. Was Frauen wirklich wollen* versammelt als Erstausgabe die Sophies-Welt-Kolumnen in *Penthouse*.

Zahlreiche Veröffentlichungen in Zeitungen, Zeitschriften, Magazinen und Anthologien, zuletzt in *Scharfe Stellen*, das hochkonzentrierte und volldosierte Eroticon, herausgegeben von Katinka & Fritz Eycken im Haffmans Verlag bei Zweitausendeins.

Auszeichnungen: 1. Platz im "Joy Key Award" des Magazins *Penthouse*, 1997; 1. Platz im Kurzgeschichtenwettbewerb des *Journal für die Frau* zum Thema »Die unglaublichsten Geschichten mit Männern«, 1999. Ihr Interview mit Malte Henk vom Juli 2005 unter www.brigitte.de; dies und mehr über die Autorin: http.sophie-andresky.de

*Lustiges & Lüsternes
im Haffmans Verlag
bei Zweitausendeins*

SOPHIE ANDRESKY. Echte Männer. Was Frauen wirklich wollen. Verführungen zur Lust.

CHRISTOPHER BUCKLEY. Florence von Arabien. Der Roman der Frauen im Nahen Osten. Deutsch von Martin Richter.

LAURA SHAINE CUNNINGHAM. Weiberrunde. Roman. Sechs Freundinnen erleben eine lange Nacht, in der alles rauskommt. Deutsch von Juliane Zaubitzer.

JENNY ECLAIR. Schöne Ferien. Zwei Familien zwischen Auf- und Abbruch. Deutsch von Juliane Zaubitzer.

JENNY ECLAIR. Vorstadt-Schönheit. Vom Treiben & Paaren in den Großen Städten. Deutsch von Juliane Zaubitzer.

EUGEN EGNER. Als der Weihnachtsmann eine Frau war. Mit farbigen Bildern von Rudi Hurzlmeier, Michael Sowa und Eugen Egner.

Katinka & Fritz Eycken (Hrsg.) *SCHARFE STELLEN.* Ein Lesebuch der Hocherotik. In 6 Stellen auf die Reihe gebracht & geschmückt mit Sex-Zeichnungen von Rudi Hurzlmeier. Die feine Art der literarischen Anmache.

GUSTAVE FLAUBERT. Madame Bovary. Sitten der Provinz. Roman. Vollständig neu übersetzt und mit Anmerkungen von Caroline Vollmann.

Gerd Haffmans (Hrsg.) *DER RABE* – Magazin für jede Art von Literatur. Der Rabe 65: Der vereinigte Europa-, Zukunfts- & Jubiläums-Rabe.

Tini Haffmans (Hrsg.) *DER RABEN-KALENDER*. Für jeden Tag im Jahr 2010.

RIDER HAGGARD. SIE-der-man-gehorchen-muß. Ein Abenteuer-, Liebes- und Unsterblichkeitsroman vom neuen Matriarchat. Deutsch, mit Anmerkungen und einem Nachwort von Susanne Luber.

ULRICH HOLBEINs Weltverschönerung. Umwege zum Scheinglück. Ein vorläufiges Lebenswerk, darin: »Sind Frauen die besseren Männer?«

RUDI HURZLMEIER & HARRY ROWOHLT. Miez miez. Schöne scharfe Katzen in Bild & Vers.

RUDI HURZLMEIER & HARRY ROWOHLT. Happy Birds-Day. Die fröhliche Vögel-Welt in Bild & Vers.

RUDI HURZLMEIER & HARRY ROWOHLT. Wahre Engel und andere Geister der Weihnacht in Bild & Vers.

RUDI HURZLMEIER & HARRY ROWOHLT. Ich wollt, ich wär Dein Hund. Eine schmusige Hundekunde in Bild & Vers.

RUDI HURZLMEIER & HARRY ROWOHLT. Hipphopp. Die Hohe Schule der Roßmalerei mit feinen Pferde-Versen.

STEFFEN JACOBS. Angebot freundlicher Übernahme. Gedichte der Lust, Liebes- & Lebenspein. Mit einer CD belesen vom Dihter.

Steffen Jacobs (Hrsg.) *DIE LIEBENDEN DEUTSCHEN*. 445 entflammte Gedichte aus 400 Jahren.

Steffen Jacobs (Hrsg.) *DIE KOMISCHEN DEUTSCHEN*. 881 gewitzte Gedichte aus 400 Jahren, mit den Kapiteln »Lust & Liebe« und »Ehe & Familie«.

Steffen Jacobs (Hrsg.) *DIE KOMISCHEN DEUTSCHEN: DAS HÖRBUCH*. 104 gewitzte Gedichte aus 400 Jahren mit den Kapiteln »Lust & Liebe« und »Ehe & Familie«. Vorgetragen von Steffen Jacobs mit Katharina Thalbach, Harry Rowohlt und Gerd Haffmans. CD.

NORBERT JOHANNIMLOH. Regenbogen über der Appelbaumchaussee. Ein westfälisches Sittenbild in Geschichten und Gedichten mit dem Triptychon um die Judith von Münster.

KARIN KUSTERER. Märchen von der unmöglichen Liebe. Roman von werdendem Leben und einer Reise ins Herz der Finsternis Afghanistans.

PHILIP LARKIN. Wirbel im Mädcheninternat Willow Gables. Der bezaubernde Mädchenroman eines großen Lyrikers. Deutsch von Steffen Jacobs.

CHARLES LEWINSKY. Zwei Fernseh-Romane: »Mattscheibe« und »Schuster! Die Talkshow« erstmals in einem Band: Mit den zweien liest man besser.

DAVID LODGE. Therapie & Denkt. Zwei Tagebuch- & Campus-Romane über Liebe, Lust und Wissenschaft. Deutsch von Renate Orth-Guttmann & Martin Ruf.

JENNY McPHEE. Der Kern der Dinge. Eine sexy Geschichte vom klassischen Kino, um Klatschpresse, Quantenmechanik und Mr. Right.

KATHERINE MANSFIELD. Sämtliche Werke. Eine Klassikerin der weiblichen Erotik vollständig neu übersetzt von Ute Haffmans, Sabine Lohmann und Heiko Arntz.

AXEL MARQUARDT. Was bisher geschah. Alle Mach-, Lach- & Meisterwerke der komisch-erotischen Periode.

MONTY PYTHON. Sämtliche Worte. Die vollständigen Drehbücher der legendären Fernsehserie mit vielen Fotos.

FANNY MÜLLER. Keks, Frau K. & Katastrophen. Die fehlten noch: Alle Geschichten.

FANNY MÜLLER liest aus Keks, Frau K. & Katastrophen. CD, mit einer gedruckten Rede von Frank Schulz.

FANNY MÜLLER & SUSANNE FISCHER. Stadt Land Mord. Roman in Briefen.
Zwei Frauen räumen ihre Männer auf.

JAN GRAF POTOCKI. Die Handschrift von Saragossa oder Die Abenteuer in der Sierra Morena. Ein verzaubernder Jahrhundertroman von Grafen, Gaunern und Geliebten. Deutsch von Werner Creutziger.

SARAH SANDS. Spielchen spielen. Ein Fernseh- und Zicken-Roman. Deutsch von Sabine Lohmann.

FRANK SCHULZ. Kolks blonde Bräute. Roman vom rechten Reden & Trinken, von wahrer Liebe & echter Freundschaft und kleinen Taten & großen Träumen. Hagener Trilogie I.

FRANK SCHULZ. Kolks blonde Bräute. Der ganze Roman als Hörbuch eingerichtet vom Verfasser, gelesen von Harry Rowohlt, Fanny Müller, Marion von Stengel, Gerd Haffmans und Frank Schulz. 7 CDs oder 1 MP-3. Das Hörbuch mit dem hörbar weiblichen Orgasmus.

FRANK SCHULZ. Morbus fonticuli oder Die Sehnsucht des Laien. Ein großer Roman einer erotischen Obsession. Hagener Trilogie II.

FRANK SCHULZ. Das Ouzo-Orakel. Ein langer Liebes-Roman findet Vollendung: Hagener Trilogie III.

FRANK SCHULZ. Die Hagener Trilogie in Kassette. Mit der Laudatio von Frank Schäfer zum Hubert-Fichte-Preis an Frank Schulz als Beiheft.

DAVID SEDARIS. Gute-Nackt-Geschichten. Alle Geschichten aus »Nackt« und »Ich ein Tag sprechen hübsch« in einem Band. Deutsch von Harry Rowohlt und Georg Deggerich.
So wurde David über Nackt berühmt.

LINDA VERHAELEN. Mein Leben als Schlampe. Sex and the City in den Siebzigern.

LINDA VERHAELEN. Das Leben als Zumutung. Das Schlampenleben geht weiter zwischen Büro und Bar.

OSCAR WILDE. Die Märchen. Die beiden Sammlungen »Der glückliche Prinz« und »Ein Granatapfelhaus« zauberhaft vereint. Deutsch von Susanne Luber.

JOSEPH v. WESTPHALEN. Zur Phänomenologie des arbeitenden Weibes. Zwölf Eroberungsversuche mit zwei Zugaben und einem Nachwort »Mein Jahr als Playboy«.

❖

www.Zweitausendeins.de